DIE KRISE KANN UNS MAL

如何跨越危机实现持续增长

[德] 苏珊娜·尼科尔（Susanne Nickel） 著
马库斯·迪赛尔坎普（Marcus Disselkamp）

马季珂 译

每一场危机都是一次脱胎换骨,是企业重生和进步的机会。2020年新冠肺炎疫情袭卷德国,可怕的病毒让人们原本习以为常的生活陷入了瘫痪。从个体经营者到大公司,无不处在生死存亡之际。人们急需的是一个负责任且拥有出色危机管理能力的领导者,让人们安然无恙地度过这次危机。

本书深刻阐述了领导者如何应对"危机曲线"中的四个阶段:抗拒—理解—突破—成功,如何高效又不失人情味地为公司带来变革,以及如何在这一过程中让公司实现质的飞跃。每一场危机都会经历相同的"危机曲线":一旦克服了阶段性的挫折,曙光就会随之而来,等待我们的便是成功!让我们充分利用低谷期,带领公司冲出危机,实现持续增长吧!

Die Krise kann uns mal!
© 2020 GABAL Verlag GmbH, Offenbach
Published by GABAL Verlag GmbH
Simplified Chinese rights arranged through CA-LINK International LLC (www.ca-link.cn)
This edition is authorized for sale in the Chinese mainland (excluding Hong Kong SAR, Macao SAR and Taiwan).
此版本仅限在中国大陆地区(不包括香港、澳门特别行政区及台湾地区)销售。未经许可的出口,视为违反著作权法,将受法律制裁。
北京市版权局著作权合同登记 图字:01-2021-7613号。

图书在版编目(CIP)数据

危机曲线:如何跨越危机实现持续增长/(德)苏珊娜·尼科尔(Susanne Nickel),(德)马库斯·迪赛尔坎普(Marcus Disselkamp)著;马季珂译. —北京:机械工业出版社,2022.7
ISBN 978-7-111-71129-2

Ⅰ.①危… Ⅱ.①苏… ②马… ③马… Ⅲ.①企业管理 Ⅳ.①F272

中国版本图书馆CIP数据核字(2022)第115033号

机械工业出版社(北京市百万庄大街22号 邮政编码100037)
策划编辑:刘怡丹 责任编辑:刘怡丹
责任校对:王 欣 李 婷 责任印制:李 昂
北京联兴盛业印刷股份有限公司印刷
2022年9月第1版第1次印刷
145mm×210mm·6.5印张·107千字
标准书号:ISBN 978-7-111-71129-2
定价:59.00元

电话服务 网络服务
客服电话:010-88361066 机 工 官 网:www.cmpbook.com
     010-88379833 机 工 官 博:weibo.com/cmp1952
     010-68326294 金 书 网:www.golden-book.com
封底无防伪标均为盗版 机工教育服务网:www.cmpedu.com

目录
CONTENTS

01 引言

被危机困扰着的面包师、CEO、销售主管和创业者 / 003

放之四海而皆准:危机的四个阶段 / 004

02 稳定

应对危机的四条黄金准则 / 012

危机管理 / 012

危机管理团队 / 017

危机计划 / 019

危机沟通 / 021

在危机中摆脱情绪的困扰 / 025

强有力的领导 / 025

没有无缘无故的抵触 / 031

如何消除恐惧心理 / 037

经历低谷,重新崛起 / 040

面临的挑战:远程领导 / 041

从自我领导开始 / 047

自律 / 050

自知 / 051

自信 / 052

自我照顾 / 054

我和我的公司在哪里 / 056

没有遭受过挫折的企业的命运 / 058

自测 1：我们能否实现收支平衡 / 059

自测 2：我们是否具备支付能力 / 066

金钱：第一步应采取的应急措施 / 071

提高收入 / 071

降低成本 / 073

增加流动资金 / 078

03 创新

抓住机遇，勇于创新 / 086

走出"可比性泥潭" / 086

我想去哪里（愿景） / 090

新的咒语："商业模式" / 095

我的市场在哪里 / 098

新客户，新产品 / 106

增长是否有回报 / 126

一马当先——我们的成功故事 / 129

　　到达成功的彼岸 / 129

　　大局观：我们的企业，我们的文化 / 142

　　如何当一个好的管理者：引领你的团队走向成功 / 163

　　以实现自我领导为目标：态度先于行为 / 178

　　着眼客户 / 184

放飞自我，成功近在咫尺 / 188

　　成功很诱人吗 / 188

　　成功会扼杀创新吗 / 197

参考文献 / 199

01 引言

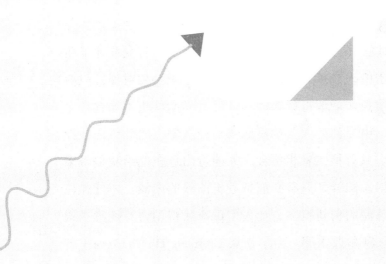

危机曲线
如何跨越危机实现持续增长

每一次危机和重大变革都有其自身的特点，背景也各不相同。面对危机，有的人身体发抖，有的人心跳加快，人们或多或少都会受到一些影响。然而无论怎样，危机都有一个共同点：它们是由不同的阶段构成的。

应对危机需要领导和管理能力。企业只有盈利才能生存。落水的人必须知道需要多少氧气才能游到对岸。只有创新和增长才能取得新的成功。经济学原理也遵循这几个阶段。书中提到的人类危机曲线与经济学上的危机曲线异曲同工。只有把二者相结合，才能看出危机能给我们带来哪些机遇。同样，只有弄清楚危机曲线的内涵，才能抓住危机中蕴藏的创新机会，让人们重新获得动力。德意志银行前行长阿尔弗雷德·赫尔豪森（Alfred Herrhausen）曾说："没有盈利，我们将无法生存；失去人性，我们也将无法容忍。"

那么，一家小型企业（如面包店）面对危机时是什么样子的呢？它与一家相对稳定的中型公司或创业公司相比又有什么不同呢？一家大型公司的部门领导又是如何管理他的部门的呢？这些企业所有者、高层管理者和中层领导

01 引言

又有哪些任务？他们又是怎样平衡员工利益与企业利益且平稳度过危机的呢？

被危机困扰着的面包师、CEO、销售主管和创业者

下面向大家介绍四个人，从他们的危机和成功故事中，大家可以看出管理者在面对危机时都有哪些担心，以及一些有关领导力、法律和经济方面的问题。

弗朗茨 面包师、甜点师，46岁，来自特格尔恩湖，手下有8名员工。

卡斯滕 一家电子行业家族企业的所有者兼CEO，55岁，来自汉堡，中型企业，手下有1500名员工。

安　娜 DAX30企业销售主管，39岁，来自法兰克福，她管理45名员工，其中包括4名团队负责人。

米　娅 一位具有创业精神的设计师，环保服装公司创始人，28岁，来自柏林，手下有3名员工。

> **危机曲线**
> 如何跨越危机实现持续增长

放之四海而皆准：危机的四个阶段

对于危机和变革来说，危机曲线的四个阶段都是适用的。同时，它还会对员工和企业的经济利益造成影响。我们所面对的慢性危机和突发性危机中也包含这四个阶段。慢性危机潜伏的时间更长，因此一开始没有人会注意到它。但是事后回想起来，你会发现问题已经存在很长时间了。它只是最初被忽略甚至被忽视了。例如，客户需求的变化、新竞争者的出现或关键部门的员工退休等，都会导致慢性危机的出现。与慢性危机相反，突发性危机发展得非常快。它们会突然爆发，事先没有任何明显的迹象，例如，生产设施发生火灾或业主死亡。

突发性危机也可能来自外部，例如，新冠肺炎疫情带来的危机，还有金融和经济危机的爆发也是其中的一部分。著名作家、前股票经纪人纳西姆·尼古拉斯·塔勒布（Nassim Nicholas Taleb）将意外发生的且难以预测的危机称为"黑天鹅"，虽然它很少发生，但是偶尔也会出现。专业人士可能会比其他人提前几周预见危机的发生及其可能带来的后果。然而，大部分可能受到危机影响的人却不知道这一突发性危机对他们来说意味着什么。

01　引言

弗朗茨的危机

弗朗茨一直向他的朋友抱怨,越来越多的家乡居民更愿意从折扣店购买面包,而不是从"真正的"面包店购买。而随着新冠肺炎疫情的爆发,事情变得更糟了!弗朗茨一开始只是从新闻中了解到新冠病毒在其他国家的影响。但是随着病毒蔓延到德国,一切都显得那么突然:首先是工作时间缩短。他和他的8名员工被这个消息惊呆了。一开始他们甚至不敢相信这一切。由于疫情政策的影响,酒店不再接待游客,他们的面包便没有了销路。位于美丽的特格尔恩湖畔的酒店一家接一家地关门。在这段时间里,弗朗茨辗转反侧,彻夜难眠。销售额的亏损越来越大。在快要绝望的时候,他下定决心:要稳定人心,维持经营,克服危机并调整好自己的心态。因为他知道,在这个时候,他的员工们需要有人帮助他们做决定,他需要给他们信心,为他们指明方向,来应对这些挑战。

从弗朗茨的故事可以很容易地看出危机发展的不同阶段及其带来的重大变化。这条曲线表明了危机给企业经营以及员工和企业管理带来的不同影响。我们称之为"心理和财务危机曲线"。

心理危机曲线描述了受到危机影响的人们的感受,以及在事情发展过程中人们的感知能力和行为能力变化。这

危机曲线
如何跨越危机实现持续增长

条曲线的灵感来自瑞士裔美国精神疾病学家伊丽莎白·库伯勒—罗斯（Elisabeth Kübler-Ross），她提出了一种人类在面对死亡或悲伤时的行为模式。在研究过程中，库伯勒—罗斯得出的结论是：所有人都会经历相同的情绪阶段。与此同时，情绪和能力也会随着时间的推移而变化。

财务危机曲线与心理危机曲线类似，最开始也是呈现上升趋势的。管理者无视不断变化的市场环境，继续对着不断增长（至少是保持稳定）的销售额沾沾自喜。然而，在这个阶段，利润可能会逐渐下降，他们这才意识到当前的销售额或新订单也在下降。到了这个时候，危机已然逐渐露出獠牙，企业的营利能力和公司的生存受到了威胁。如果管理者能够及时采取措施，加强管理，则可以克服企业危机。待销售额逐步稳定，利润开始增长，可达到最后的成功阶段，如图1-1所示。

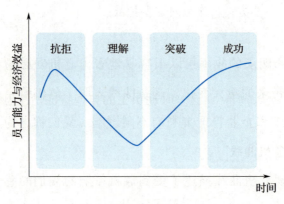

图1-1　危机的四个阶段

01 引言

图1-1中，其纵轴是员工能力与经济效益，横轴是时间。该模型为公司领导层、管理者和员工提供了依据，让他们能够及时采取行动，并了解不同的行为模式带来的结果。

第一阶段：抗拒

危机会波及整个公司和员工队伍。危机以及随之而来的大大小小的变化，总是会带来很多的不确定性，引发员工们的惶恐不安。这些危机有的来自外部，如新冠肺炎疫情危机，或者是一个新的竞争对手进入这片没有恶性竞争、充满利润和诱惑的蓝海市场中。在面对竞争时，企业管理者和员工常常面临着他们意料之外的变化，如与新竞争对手的价格战、部门的重组或产品的更新换代等。有时高层管理者的决策会让员工感到震惊或无所适从。这种混乱和震惊的状态就是我们所说的"抗拒"阶段。首先，感知能力出现了短暂的下降。员工们加倍努力工作，但是没有任何意义。就如同我们一遍又一遍地按下按钮，也不会让电梯来得更快一样。在这一时期员工的典型特征是惶恐不安、无法排解压力。

很快，情绪能量上升，会达到"抗拒情绪"的最高点，这会导致一系列的问题，人们不认为自己需要改变。管理层和员工都在说服自己，认为一切马上就会变回老样子。

但除了这些旧规则的"捍卫者"之外,也有改革的"支持者"——这样很快就会形成不同的阵营。员工的表现是恐惧、困惑、愤怒、对未知事物的抵触以及沮丧。这一阶段大家会变得非常情绪化,有时无法控制自己,将所有情绪都宣泄出来。愤怒会激发力量,紧接着叛逆随之而来。人们开始尝试通过谈判来解决问题,避免改变。在这一阶段大家总说:"我不这么认为。到目前为止,我们一直做得都很好。""这根本不可能。不要管这些乱七八糟的事情了。"这样的反应表明了人们在离开熟悉的企业环境和企业文化时的恐惧感。

这时人们陷入情绪的漩涡,在抵触和恐惧中意志消沉,渐渐绝望。但是到达一定程度后,理智又会慢慢回归,并逐渐接受现实。

第二阶段:理解

在这一阶段,人们知道事情已成定局,开始逐步认清并接受现实。企业管理者和员工慢慢认识到,危机不以人的意志为转移,改革同样是大势所趋。因此,虽然有一些人仍然因循守旧,但是"改革者"会越来越多,尽管改革会带来阵痛。人的认知是理性的,我们总是认为应该改变的是别人。如果事情发生在自己身上,我们首先寻求的也只是表面的改变和短期的解决方案。人们会开始变得感性,

01　引言

并不断否定自己，慢慢感到无能为力。这一阶段人们总说："我真的已经想尽办法了，真不知道接下来该怎么办。""我做不到。"自信心正处于绝对低谷，这不仅是这条曲线的最低点，也是一个转折点。员工从理智上接受了变革，放弃了熟悉的工作方式，开始重新调整，准备好迎接新事物的到来。以前所做的一切尝试都是徒劳的。只有经过漫长的低谷，新生事物才能出现。

曲线的第一和第二阶段与稳定、人性和经济利益有关，在第三和第四阶段，迎接新生事物的大门已经敞开。

第三阶段：突破

这一阶段，管理层和员工开始直面危机，接受了危机的到来及其带来的变化并开始着手应对。在这个过程中，他们对新事物产生了好奇心，并迫切地想要知道自己应该做些什么。这时，紧张感和恐惧感逐渐消退，他们也不像一开始那样悲伤，已经可以提出自己的想法或者接受他人的建议。他们开始尝试新鲜事物，并开始有意识地学习新的工作方法或行为模式。通过这些尝试，企业管理者和员工可以了解哪些做法是比较合适的。这一阶段最重要的原则之一是允许犯错。要鼓励大家通过不断地尝试来学习新的东西。可以通过培训、研讨会或辅导等方式来提供必要的帮助。学习新的东西需要时间，因此耐心和毅力也是非常重要的。在这一阶段人们逐渐开始意识到，改变也是有好处的。

公司的结构及人员逐渐稳定下来，大家勇于尝试，不断创新突破，逐渐离开了低谷，危机曲线开始缓慢地向上移动。"突破"阶段是危机曲线的转折点，我们在不断尝试和失败之中慢慢进步，到达第四阶段就会获得成功。

第四阶段：成功

企业管理者和员工在不断尝试。通过尝试可以得知哪里需要创新，哪里可以利用自己的经验。这些新的行为方式和能力会逐步融入我们的日常生活。员工的自身能力以及自身价值要明显高于危机前的水平。这体现出了危机及其带来的变革对公司和个人发展的重要性。这种变化提高了生产力和员工的满意度。新的工作方式也逐渐被员工接受，并成为他们生活中的一部分。

02 稳定

每一家公司都希望能够获得成功、增长和创新，但在创新之前，往往会遇到一个低谷、一场危机、一次决定性的经历、一次重大的变革。好事多磨，世界上没有一帆风顺的事情。在取得成功之前，必须要保证在经济效益和人员层面上的稳定。这种稳定是变革的先决条件。接下来要讨论的是，当危机或其他困难来临时，我们应当怎么做。

危机曲线
如何跨越危机实现持续增长

应对危机的四条黄金准则

"打扫楼梯最好从上面开始。"就像任何一次变革一样,危机也需要管理,以免造成更大的破坏。在动荡时期,每个人都盯着公司负责人和领导层的管理者。现在他们需要做的就是承担责任、做出决定、简洁有效地沟通、成为榜样以及激励员工。并不是每个管理者都有足够的经验来应对危机。例如,在新冠肺炎疫情肆虐时期,许多管理者就缺乏应对手段。为了不在危机来临时手忙脚乱,陷入被动局面,良好的危机管理是必不可少的。这需要灵敏的反应、领导能力及应对危机的策略。下面将介绍危机中的四条黄金准则:危机管理、危机管理小组、危机计划及危机沟通。

危机管理

危机管理是指系统性地解决问题,进而战胜危机。在面对严重危机时,阴谋论和逃跑倾向会迅速在管理层和员

02 稳定

工中传播开来。恐慌和分裂的危害对于公司来说不啻于争功诿过。恐惧之类的负面情绪以及由于管理层的压力带来的负面影响会在公司中迅速蔓延。在危机情况下，员工希望得到指引，获得安全感。每个人都乐于听从企业管理者的指挥。因此，最重要的是要发挥榜样的作用，勇于承担责任，战胜危机。

弗朗茨承担了责任

弗朗茨的母亲最近一直喋喋不休，大骂面包折扣店抢走了他们的顾客，甚至发誓再也不会去折扣店买东西了。而弗朗茨则意识到他自己要为面包店的未来负责。因此，他不仅要安慰自己的母亲和同事们，还要采取措施来稳定业务。

危机管理的成功要素正是这种责任心。企业管理者要勇于做出决定，表明自己的想法和意图，尽自己最大的可能让一切回到正轨。而这样的决策往往来自上层，它需要企业管理者的勇气和成熟的思考，不要只考虑自己，而是要为企业的发展尽一份力。企业管理者还要把注意力放到手头的任务上，而不是惶惶不安，无心工作。这正是我们所面临的挑战：在不知道危机要如何解决的情况下应主动采取措施。管理者没有责任心，任何危机都无法解决。只有满足这一先决条件，才能有条不紊地进行下一个步骤，例如，召开紧急会议。

> **卡斯滕的紧急会议**
>
> 卡斯滕所在的公司是一家家族企业。多年来，这家公司一直是电子行业的领军者。作为汽车行业的供应商，它随着近年来汽车市场的欣欣向荣而获利不菲。然而，来自他国的竞争对手多年来一直对这片市场虎视眈眈，最初只是凭借低廉的价格进军德国市场，现在更是带着质量一流的产品来势汹汹。尽管付出了巨大的努力，但是一个重要客户还是取消了卡斯滕所在公司急需的后续订单。在失去这份订单之后，卡斯滕立即召集他的管理团队召开危机会议。在会议上他们讨论了丢掉这份订单会为整个公司、员工和商业伙伴带来哪些损失。同时，卡斯滕还要求团队考虑下一步需要采取哪些措施（短期措施和中期战略）。他不想浪费任何时间，以免出现谣言和负面情绪。

在对问题进行系统分析之前，管理者要让团队成员提出建设性的解决方案和想法，讨论如何应对所面临的困难。同时，还要缓解员工身上的压力，不要让负面情绪积压并带来糟糕的后果。人们只有在释放了内心中被压抑的恐惧和过度压力之后才会考虑解决方案。最好能够在开会时让大家"倾诉或吐槽"一下,然后再去解决所面临的最大问题,并看看哪些事情(仍然)进展顺利。

> **安娜所面临的慢性危机**
>
> 安娜的公司是德国股票市场上规模最大、效益最好的公司之一。该公司主要为私人和企业客户提供消费品。其生产的产品主要交由贸易伙伴(如超市)进行分销。安娜作为德国地区销售部门的主管,她所在的企业正面临着慢性危机:长期以来,企业各个部门自私自利。没有人互相帮助,人人勾心斗角。没有人重视客户,也没有人把客户放在心上,尽管所有人的工资最终都要由这些客户买单。但是有时候,客户的"报复"也会让他们付出代价:客户更愿意从竞争对手那里采购,因为在竞争对手那里,他们会找到价格更便宜、更具吸引力的产品。安娜的贸易伙伴直接在他们的销售清单中发现了这个问题,这使安娜和销售部的同事们在价格谈判中更加被动。
>
> 而新冠肺炎疫情的爆发让这个问题变得更加尖锐。

不同危机带来的后果不尽相同,我们一开始可能并不清楚自己能做什么和要做什么。在这种情况下,只有勇于承担责任才能更好地应对危机。在做决策之前,应该对从最差到最佳范围内的结果都进行考虑,并制订相应的应急预案。此外，我们面临的危机不仅与问题本身有关，还与人和社会整体环境有关。如果社会环境和谐，那么就会有机会解决问题。因此，只有了解了人类危机曲线才能带领员工和团队展望未来。克服危机在很大程度上取决于社会和人为因素。我们只有克服内心中绝望无助的消极情绪，更加积极地面对未来，才能走出低谷，树立信心。

因此，危机管理者时常面临着两难的抉择：在自身的危机感与责任感之间摇摆不定。这时，他们应该听听专业人士的意见。

要明确以下几条原则：
1. 没有完美的危机管理措施。
2. 采取行动比什么都不做或者一直观望要强得多。
3. 要允许犯错误。

错误是不可避免的，因为危机管理者面对的是一个全新的未知领域。危机管理者要勇于接受不完美的结果，继续勇敢地前进。

另外，在做出决定之前，有必要对应对危机的过程和结果进行推演，还要对推演的结果进行保密。做出决策后

02 稳定

要立刻把它准确且清楚地告知每个人，不要拖延。危机管理者要注意沟通方式，应该强硬一些，不要在乎那些反对者的意见。如果有人反对，可以让管理层或心理医生与他们沟通。

危机管理团队

是否需要组建危机管理团队主要取决于企业文化、公司规模以及危机的复杂程度。危机管理团队，专业人士称之为响应小组，其任务是仔细研究所有已知的和可能影响决策的信息，验证真伪，并且将其中已经确认的事实提供给决策者。

在应对危机的过程中，需要安排一群人专门进行分析，制订危机行动方案和解决办法。建立一个危机管理团队，可以帮助实际的决策机构开展前期调研，做好准备工作。并不是所有管理层成员都必须加入决策机构，选择决策机构的成员也不应该按照级别，而是应该考虑他们是否能对危机管理工作提供帮助。一方面，这取决于他们是否具备决策相关的知识，如法律、销售、生产、人事和营销领域的知识。另一方面，也需要考虑他们是否具备勇气和创造力等性格特征。危机管理团队要由各方面的人才组成。在团队中不需要"思维模式相似的人",需要"横向思维者",需要在能力和素质上"互补"的人才。

即使我们不知道怎样来应对危机,也应知道哪些行动是不利于危机管理的。逆向思维可以为危机管理工作提供一些线索。这种问题可能包括:

- 我们怎样做会失去更多客户?
- 我们的员工害怕什么?
- 怎样做不利于团队合作?
- 是什么让我们的领导层或员工的情况变得更糟?
- 怎样做会让我们的财务状况进一步恶化?

我们可以从这些问题中找到新的解决方法。

如果危机管理团队是由不同阶层的成员组成的,那么它会进一步打破大公司各部门之间的隔阂,会更容易被大家接受,有利于部门彼此间展开合作。

少即是多。为了保证危机管理团队的行动力和决策力,建议团队由 6~8 名成员组成,具体情况要取决于公司的规模。此外,团队还需要一名组织者和一名领导者。在讨论中要注意搜集有建设性的意见,化解消极情绪,确保团队是为了解决实际问题而存在的。作为组织者或主持人,

02 稳定

最重要的是能够精准把控团队的工作进程，以便提出完善的解决方案。在寻找解决方案时，可以采用有创造性和创新的工作方法。危机管理团队直接向管理层或企业经营者负责。

弗朗茨的危机管理小组

弗朗茨邀请了他的面包店里最有经验的面包师和部门主管、最有能力的女售货员和一名年轻的实习生加入他的危机管理团队。他很早就注意到这名实习生，因为他工作非常努力，而且善于思考，具备批判性思维，能提出有建设性的意见。

我们也可以成立一个小型的危机工作组来处理某些问题。工作组可以根据具体情况向其他相关人员进行咨询。

危机计划

在危机时期，所有受影响的人都希望能够得到指引，知道自己应该怎么做。因此，我们可以制订一个危机计划来对危机管理的流程进行详细规划。危机计划应涵盖各个领域，包括在危机情况下的沟通方式、商业应急计划及人力资源管理措施等。

危机曲线
如何跨越危机实现持续增长

米娅的危机计划

米娅在两年前刚刚创立了自己的环保服装（主要生产T恤）公司，其生产的产品主要交给柏林的几家商店进行销售。但是由于新冠肺炎疫情的爆发，她的销售伙伴一家接一家地关门，这使得公司入不敷出。米娅在一张白板上用便利贴记录下了她自己和她的三名员工关于应对企业危机的想法。员工可以在便利贴上对自己提出的建议进行补充说明。然后第二天在晨会上一起对这些应对措施展开讨论。这样，每个人都知道下一步该做些什么，他们获得了很强的参与感和认同感。

在制订应急计划时，要注意以下问题：

- 危机管理团队应该承担哪些任务？
- 危机管理团队应该包括哪些内部或外部员工？
- 谁来负责领导危机管理团队，谁来组织危机管理团队？
- 如何协调危机管理团队成员的各项工作？有明确的工作原则吗？
- 危机管理团队与管理层之间有哪些沟通渠道？
- 哪些措施是迫在眉睫的？
- 必须制订哪些行动计划？
- 最快什么时候可以发布第一项处理措施？

02　稳定

- 这次危机给公司带来哪些启示？

在无法对危机进行精确评估的情况下，可以更灵活地分步出台应对计划，根据情况每周或者更加频繁地对该计划进行调整。

当然，当危机到来的时候，规划层面的工作虽然重要，但是仍只是整体工作中的一小部分。更重要的是如何稳定人心。接下来的步骤就是危机管理的核心——危机沟通。

危机沟通

危机沟通是应对危机的核心，也是评估领导力的标准。不管要采取什么行动，都要在行动之前与他人进行沟通。这时候，良好的沟通比平时更加重要。危机来临时，大家都对未来持悲观态度，很容易受到流言蜚语的影响。在这种情况下，良好的沟通是必不可少的。因此，宁愿多说一句话，也不要让沟通存在误解。正如赫尔穆特·施密特（Helmut Schmidt）曾经说过的那样，危机中的所作所为不仅能够反映每个人的性格，更能体现他们的领导能力。危机沟通是重中之重，绝不能委托他人。

危机曲线
如何跨越危机实现持续增长

> **安娜的危机沟通**
>
> 安娜团队最重要的客户都由她们的客户服务代表亲自服务，直接与他们沟通联系，这样才不辜负客户的信赖。安娜给客户们发了一封信，并在信中告知他们企业即将采取的新政策。信的内容是以公司公关部的官方公告为基础，经管理层审查和研究批准后确定的。

危机管理的沟通计划应回答以下问题：

- 在何时或以何种方式通知公司内部和外部的相关人员？
- 用什么样的沟通方式与供应商和客户进行沟通？
- 信息是怎样从公司管理层到团队领导层逐级传递的？
- 相关人员如果有问题应该向哪个部门咨询？
- 哪个部门负责与媒体、报社或其他各方面人员进行沟通协调？
- 哪个部门负责撰写新闻稿件，起草内部公告？

此外，无论是写电子邮件还是在公司内网上群发通告都不是最合适的交流方式。为了加深人与人之间的关系，应当采用面对面的交流方式。如果事情紧急或者由于距离的关系无法召开线下会议，那么可以选择即时通信工具或视频会议的方式进行沟通交流。

02 稳定

管理者习惯于在找到问题的解决方案后再与员工进行沟通。然而这对于员工来说可能为时已晚。员工会感到不安，他们需要随时沟通以获取信息。我们可以用以下方式来解决这个问题：如果是在尚未得出结论的时候，可以先告诉员工事情的进展。这样可以安抚员工，给他们提供了安全感，帮他们建立信心。员工会认为，领导们说的都是事实，是在与他们进行沟通，并相信公司的承诺很快就会付诸实践。在这时，人与人之间的信任是最重要的。危机沟通是自上而下的，因此所有的管理者都必须参与其中，然后是所有的员工。通过危机沟通，管理层定期向员工通报企业当前的状况以及下一步应该做些什么。

危机沟通可以让员工们理解企业做出的决策，获得安全感和方向感，鼓起勇气来战胜所面临的困难。如何进行危机沟通就要看管理者的行动了，他们是仅仅将员工视为生产的成本因素，还是将他们视为企业的重要"财富"和重要"资产"呢？

沟通时要注意语言清晰，简单明了。即使问题很复杂，也要确保每个人都已准确、清晰地理解了。沟通时语言组织不要过于"委婉"，这可能会给人造成误解。只有真诚才能让彼此相互信任。

危机曲线
如何跨越危机实现持续增长

当管理者勇于承担责任并面对困难时,员工会知道他们是在为自己的员工遮风挡雨,为公司殚精竭虑,就会获得安全感,也会知道自己应该做些什么。同时,管理者承担责任也意味着他们会勇敢地面对别人的质疑,坚守自己的本心。

员工在遇到困难的情况下特别需要同理心。当管理者与他们沟通的时候,他们知道管理者考虑到了他们的诉求,并且是和他们站在一起共同奋斗的。同理心并不仅仅代表着支持和同意,还代表着站在别人的立场上思考问题,这样可以更好地理解他们。"被理解"的感受能给人带来勇气并满足人们的心理需求。

还有,不要说得太多。少即是多。不管做出的决策多么重大或多么影响深远,人们也只能关注到其中的一些要点。

在这里向大家推荐"沟通三原则",即将要沟通的内容总结成三个概括性的且容易记住的要点,这样每个人都能轻松记住。在危机中需要考虑以下三个方面:

1. 使用清晰、简单和准确的语言。简洁才能易懂。
2. 勇于承担责任,坚持自己的决定。负责带来安定。
3. 给予鼓励和勇气。勇气创造信心。

在危机中摆脱情绪的困扰

在危机管理的过程中,企业管理者可以通过方向引领、对策制定以及危机沟通等方式来进行危机管理。然而,如果深入地研究一下企业本身,我们可以发现受到危机影响的员工现在最需要的只有一件事:强有力的领导。

强有力的领导

带领员工度过危机是一项非常艰巨的任务。面临着重大危机或剧变的员工往往需要支持和指导,因为许多事情都是未知的。管理者还必须保证他们的员工能够听从命令,努力完成既定目标。然而,事情不可能一直那么顺利:在危机的各个阶段,每个人都面临着巨大的情绪压力和情绪波动,这会对他们自身的能力以及执行力产生影响。

在危机过程中,认知是狭隘的。员工们用旧的眼光看待新的问题,于是便将危机视为一场灾难。这时需要给他们一点时间,让他们改变自己,找到新的机遇,接受新的变化。良好的领导力可以帮助员工走出低谷,重新焕发活力。

危机曲线
如何跨越危机实现持续增长

再来看看危机曲线的人性维度：我们需要采取哪些管理措施来稳定人心？这对优秀的管理者提出了怎样的要求？管理者在不同的阶段又扮演着什么样的角色？

危机及其带来的变化一开始会让大家受到巨大的冲击，让人不想承认也不愿接受这一现实。

企业的管理层需要发表声明，把企业面临的问题告诉大家，并号召大家团结一致，共度危机。这时的声明内容要清晰易懂。可以提供数字、数据、事实等，必要时还可以提供危机管理团队分析得出的结论。企业的管理层要明确自己的立场：他们要为员工指明方向，表明对员工的理解、鼓励及支持，并告诉他们有问题可以向谁求助（向管理层、向人力资源部门或者向工会等其他部门）。不要害怕与员工进行面对面的沟通，要告诉员工们，你是和他们站在一起的。

> **卡斯滕的视频会议**
>
> 卡斯滕手下有 1500 名员工，他没有办法亲自与每个人进行面谈。但是在危机来临时，他必须让每个人都知道他们所面临的严峻形势及危机可能造成的后果，告诉大家只有团结一致才能战胜危机。因此，他决定召开视频会议。在会议中他告诉大家，如果有问题，每个人都可以向领导层求助，也可以向人力资源等部门咨询。他要求管理层从现在起每周都要向全体员工通报企业的经营状况，并回答员工们提出的问题。这次会议解决了员工们的后顾之忧。

02　稳定

　　这次危机沟通为企业和员工之间搭建起了信任的桥梁。

> **弗朗茨宣布缩短工时**
>
> 弗朗茨把 8 名员工召集到了一起,向他们说明了这次新冠肺炎疫情让他们的面包店经营状况严重受损。他耐心地与员工进行沟通交流,安排接下来的工作。在这个时间段,为了不让面包店破产,弗朗茨只能缩短员工的工作时间。他给了员工一段时间来消化这个消息。他的母亲首先说:"这不可能,我们一直干得不错。"一位女售货员也低声说:"真不敢相信!这太糟糕了。"弗朗茨知道他们一时之间难以接受现实,但他没有办法,他只能坚持自己的决定。

　　在第一阶段,员工情绪波动很大,管理者向他们提供解决方案是没有意义的,因为他们很难接受现实,如图 2-1 所示。这时,最重要的不是如何解决问题,而是要让员工们从震惊中回过神来,重新投入工作中。我们需要思考的是:如何想方设法地让面包店存活下来,让我们不要失业?以及问题的背后还隐藏着其他问题吗?也许换个角度思考可以得出新的答案。在这种情况下,"倾诉或吐槽"也许能够带来一些帮助。

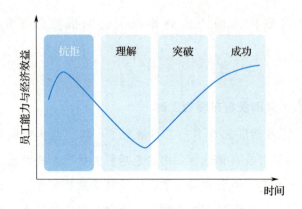

图 2-1　危机曲线第一阶段的领导力

在第二阶段,情绪波动到达顶点后开始走下坡路,陷入低谷。员工恢复理智,从感性和理性上接受了现实,如图 2-2 所示。

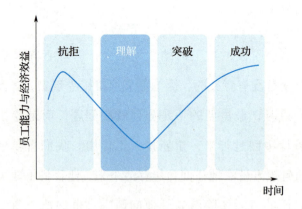

图 2-2　危机曲线第二阶段的领导力

在这个阶段,管理层要告诉员工发生了什么。有必要

02 稳定

与员工进行面对面的、心平气和的沟通,告诉他们正面临怎样的一种情况。每个人都有恐惧感和抵触情绪,当员工们陷入负面情绪时,要帮助他们找到出路,寻找解决问题的办法。与此同时,管理者通过谈话也可以了解这次危机对员工本人和团队来说可能意味着什么。

> **安娜的团队:担忧**
>
> 新冠肺炎疫情的爆发让很多员工坐立不安。在疫情爆发之后,安娜所在的公司也下令缩短工作时间。一些员工很担心会失去工作。如果一切努力都付诸东流,那么谁还会想着工作呢?安娜的团队共有45名员工,其中有4名团队负责人。她召开了员工会议,鼓励他们努力工作。在每次会议开始时,大家的情绪波动都很大。起初,大家犹豫不决,随着谈话的深入,大家更加信任彼此,很多人表达了他们的担忧。尽管处境艰难,但是开诚布公的谈话让大家决定团结在一起。安娜和4名团队负责人认真倾听了员工的讲话,了解了他们的担心。会后,安娜每周都会向她的员工通报运营情况以及下一步将要采取的措施。

要知道:没有无缘无故的抵触。有句老话叫"到群众中去",而不是远离他们。管理层只有时时刻刻践行这条原则,深入员工中去实际解决他们的问题,才能更好地应对危机带来的变化。

> **米娅的队伍：垂头丧气**
>
> 米娅的团队中充斥着一种沮丧情绪，甚至到了早上彼此之间都不再打招呼的地步。米娅感觉到大家情绪低落，于是便与每个人都进行了一对一的交谈。大家最害怕的就是失业，特别是有一名离异的女性员工，她有一个孩子，生活非常艰难。因为孩子的父亲不支付任何赡养费用，所以她每天都要努力工作。"我们的公司要倒闭了吗？"——这是个大问题。但是米娅仍然保持冷静，解决了员工的后顾之忧。她向员工们讲解了她的企业运营计划，并且保证竭尽全力，不丢下团队中的每一个人。

负面情绪可能出现在网上和社交软件上，也有可能出现在培训、团队会议或者一对一交谈中。这样的情绪管理者一定要引起重视，不要置之不理。我们要为员工创造一个发泄负面情绪的途径。只有当员工经历过低谷后，他们才会接受新生事物，才会进行创新。我们将在本书的第三部分来讨论这方面问题。

与员工将心比心也是很重要的。当员工情绪激动时，管理者给他们讲大道理是没有用的，应主动接近他们，帮助其排忧解难，免除其后顾之忧。每个人在面对危机时都会经历这些阶段，而每个阶段都是帮助我们取得成功的基石。我们需要一些时间来接受危机以及危机带来的变化；我们要更有耐心，以乐观的心态面对这些变化，面向未来并积极寻找解决方案。对于以前的东西，只有取其精华、去其糟粕才能革故鼎新。

没有无缘无故的抵触

大多数人都不喜欢改变，也没有人喜欢面对危机。在发生危机时，人们会本能地抗拒并采取自卫措施。实际上，抗拒也是一个信号，当人遭遇挫折，负面情绪无处释放时就会产生抵触心理。因此，抵触并不可怕，可怕的是管理者的急躁心理。因为消除抗拒也需要时间。

危机和抗拒就像一对连体双胞胎，它们总是一同出现。管理层的危机管理主要是精力管理，也就是情绪管理，或者说是冲突管理。比如，当人们做事遇到挫折或阻碍的时候，总会不断地以同样的方式继续尝试，就像发送不出去信息却不停地按发送键一样。但是，同样的方法只会产生同样的结果，不可能取得成功。要想解决这个问题必须到员工中间去，与他们将心比心，站在他们的角度思考问题。然而，很少有人能够做到这一点，因为这样做很累，需要花费大量的时间和精力。有些人认为好的新的东西是顺应潮流的，无论如何都会获胜。但获胜的不应该是这种想法，而应该

危机曲线
如何跨越危机实现持续增长

是对管理者的信任。我们对重要的事情总是一遍又一遍地去强调,但是我们是否考虑到了对方听没听懂呢?听了不一定会懂,懂了也不一定会同意,对任何事情来说都是如此。因此,这种抗拒与施令者无关,而是与接受者,也就是员工的心态有关。要怎样与员工打交道?员工又是怎样的一种态度(或者说是心态)?员工现在需要什么?怎样来说服员工?

我们的态度应该是:没有无缘无故的抵触。如果我们抱着这样的态度,那么我们就不会去责备其他人,而是能更好地理解他们:要体谅别人的拒绝,只有将心比心,才能深入了解拒绝背后的原因。如果管理者能够对员工采取这样的态度,那么就已经迈出了积极应对危机的第一步。

有一件事情非常重要:并非所有的抗拒都是千篇一律的。下面我们要仔细研究一下"抗拒"这件事。

抗拒的种类

为什么会出现反对的声音?关于这个问题有很多种解释。在这里我们想介绍一种简单的解释方法,该解释受到了美国改革顾问和作家里克·莫瑞尔(Rick Maurer)的启发,并且可以很好地应用于实践之中。人的抗拒共分为以下三种类型:

02 稳定

1. "我做不到。"
2. "我不想做。"
3. "我不喜欢你。"

第一种类型:"我做不到。"这一类型是指我们没有能力来完成新的要求。人们总是害怕自己能力不够,不能满足新的需求。

安娜团队的问题人物

在新冠肺炎疫情肆虐期间,缩短工时和居家办公让每个人都感受到巨大的压力。然而,有一名员工经常在后面煽风点火,挑拨离间,其行为搅乱了安娜团队的工作氛围。安娜有些担心:团队里面的气氛已经非常凝重了。因此,她主动与汉斯进行谈话。汉斯表现得很抵触,他说他在公司工作20年了,绝对不会做这样的事情。"这些都是胡说八道""我们必须采取措施""像以前那样多好啊"。安娜一边听一边问。她想要查清事情背后的真相。最后,事实证明,汉斯不懂电脑技术,由此导致出现重大问题。他把很多客户的问题记录下来了,写在纸上,但由于他不懂电脑,无法通过远程会议把问题告知技术部门。于是,安娜与他所在团队的负责人商量了一下,让汉斯接受了额外的电脑培训,并再次向他解释了为什么现在必须要这样做。

总有一些未知的事物摆在我们面前，让我们一头雾水：员工需要的可能是解释说明，更多的信息或者一些相关的培训。如果员工无法理解，不知道要做什么，那么应建议多与他们进行沟通解释。通过提升员工素质，加强他们的能力就可以消除反对的声音。比如，可以采取组织培训、答疑、解释说明或激励鼓舞等方式。

第二种类型："我不想做。"这种抗拒形式比第一种更加情绪化，也更加激烈。在本哈德·施林克（Bernhard Schlink）的《朗读者》一书中，女主人公汉娜·施密茨宁愿坐牢也不愿承认自己不会读书。从"我做不到"很快就会变成"我不想做"。因此，我们要抱着"没有无缘无故的抵触"的态度去理解"我不想做"，并采取相应的行动。当一个人不愿意相信别人的时候，我们要找出相应的原因，并减少他们的抗拒和抵触心理。我们总是不愿接受一切有悖于我们认知的事物。当人们知道事不可为，却又对未知事物抱有极大的戒心时，那么可以和他们谈谈，看看"我不想做"的背后隐藏着什么样的恐惧或情绪。我们要战胜这种恐惧并将其转化为能量。

第三种类型："我不喜欢你。"这是抵抗心理最强的时候便会有信任崩塌的表现。建立信任需要很长的时间，而摧毁它却很快。如果急于求成,往往会带来极大的破坏,带来一片焦土,甚至管理者本人都会"焚烧殆尽"。而逐步重建这种信任往往需要大量的时间和耐心。

如何应对抗拒

抗拒是人们听到坏消息时的正常反应,也是对所有新鲜事物的反应。因此,如果一个人没有抵触和抗拒,反倒是不正常的。要让人接受现实,讲大道理是没有用的。图2-3简明扼要地阐释了这个问题:一座冰山。

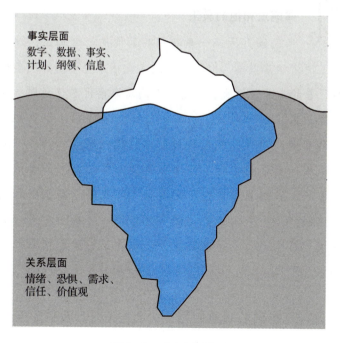

图2-3 "冰山"模型

危机曲线
如何跨越危机实现持续增长

在危机管理中,仅仅制订成熟的计划和应对措施往往是不够的。我们喜欢摆事实讲道理,要求员工体谅我们。然而,这只是冰山一角。因为恐惧、信任、情感、需求、价值观,所有这些全都潜藏在水面之下,都是我们看不到的。有时我们会产生一些误解:我们看到了水面上的东西,以为我们了解了一切,却不知潜藏在水面下的才是员工的真正需求。

弗朗茨和他的员工

弗朗茨几天来一直在观察着他的一个员工。这名员工情绪非常低落,他不想和别人说话,也不想和同事接触,看起来非常沮丧。于是,弗朗茨邀请他在休息时一起去湖边散步。一开始,这名员工还少言寡语,但当他感觉到弗朗茨对他的关心和爱护时,他吐露了心声:"老板,我一直很相信您,但现在我真的不知道下一步该怎么办了。我怕我以后付不起房贷了,我的老婆也让我焦头烂额。"这个高大的汉子突然崩溃了,哭了起来。弗朗茨把这个老员工抱在怀里——这次谈话给事情带来了转机。

只有当我们了解他们为什么会抗拒时,我们才能采取相应的措施。没有人天生就是一个"反对者"。正如变革

02 稳定

专家里克·莫瑞尔在他的著作《遇墙皆是门——超越变革的阻力》中所描述的那样,抗拒是人类对于某些事情的正常反应,这种反应与人类本身有关。人们会对我们所说或所做的事情做出反应,这不是简简单单从前到后的单向运动,而是像舞蹈一样,前前后后,来来回回。当我们想要让他们放弃抵抗的时候,我们也在受到他们的影响。对我们来说,这也意味着我们不再是一个旁观者,而是要加入其中。就像两个人在一起跳舞一样,要么是我跟着你,要么是你跟着我。这时事情就会出现转机。

如何消除恐惧心理

抗拒是恐惧的一种表现。人们害怕危机和新生事物。员工们都害怕企业中发生的重大变化,比如裁员或新政策之类的事情。这种恐惧会让人麻木。当恐惧袭来,我们动弹不得,丧失了行动能力。

一旦陷入恐惧的漩涡中,我们就要及时想办法摆脱它。图2-4所示的恐惧漩涡来源于心理学中的"恐惧恶性循环"。它向我们展示了恐惧是如何产生的,以及我们应该怎样做才能够消除恐惧。它不仅可以帮助我们发现并克服自己的恐惧心理,还可以为企业中的员工提供帮助和支持。

危机曲线
如何跨越危机实现持续增长

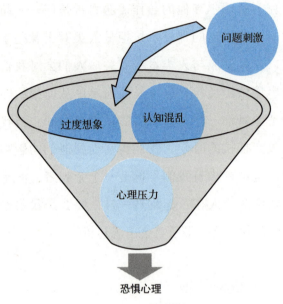

图 2-4 恐惧的漩涡

决定米娅命运的一通电话

米娅现在辗转反侧,彻夜难眠。她与银行发生了纠纷,她开始担心资金问题,担心未来,担心她的员工。要怎么办呢?这个问题一直在她的脑海中盘旋。她越想越害怕。于是,她晚上借酒浇愁,想以此来分散自己的注意力。在喝了一整瓶红酒后她的身体已经不听使唤了。巨大的压力给她的身体带来了沉重的负担:紧张,脖子僵硬,头痛。当她准备再打开一瓶红酒时,电话铃响了。她的朋友玛丽

02 稳定

亚来电话了。玛丽亚是学心理学的,目前正在从事心理辅导方面的培训。

玛丽亚指出了米娅面临的问题:你察觉到了问题,然后就产生了消极的想法,这很危险!当人们面对恐惧时,会采用不同的方法来面对它,比如大量饮酒、沉迷于网络或电视,我们会通过这些办法来减轻恐惧带来的压力。有的人会认为:该死的生活沉重打击了我。于是,便选择了听天由命。还有一些人为了忘记烦恼把注意力放在其他事情上,却过度沉迷无法自拔。他们总是抱着这种想法:"糟糕的事情不会一直发生在我身上。"有的人在新冠肺炎疫情时期还会举行派对,他们的想法就是:我们不会这么倒霉的,这事与我们又有什么关系?

"逃避、抗争和不知所措是面对困难时的三种反应模式,"玛丽亚向她的朋友解释道。"我们都经历过危机,当我们战胜危机后,会变得更加强大。能够帮助我们的只有我们自己。你还记得当时你家的糟糕情况吗?你挺过来了。所以,试着去倾听你内心中的声音,它告诉了你什么?"于是,米娅下定决心克服恐惧,她准备每隔几天就出去慢跑一下,听听她最喜欢的音乐,这些活动有利于身心健康。她的朋友还给了她一条建议,不要总想着那些糟糕的事情。通过脑力训练,米娅战胜了自己的恐惧。

经历低谷,重新崛起

每个人经历低谷的时间都是不一样的,如图 2-5 所示。在公司里,这种影响往往是自上而下的,员工通常是最后一个受到影响的人。第一个受到影响的是企业的老板、董事长等企业经营者。当危机开始时,危机曲线最早体现在他们身上。他们是企业的第一负责人,是第一个做出决定也是第一个经历低谷的人——当然也是第一个从低谷中走出来的人。

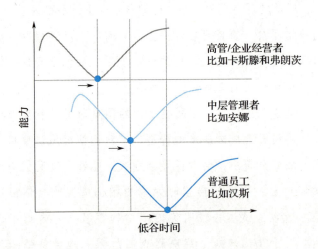

图 2-5 不同人群经历低谷的时间顺序

接下来轮到中层管理者了。他们会参与到危机管理和新方案制订中。他们也需要时间来经历低谷。最后,是普通员工。当普通员工经历低谷时,中层管理者已经从低谷

02　稳定

中走出来了,而高层管理者正在考虑改革和创新。正因为如此,管理者们经常对员工的担忧和问题感到不耐烦。这时管理者要做到心中有数,知道他们自己以及员工在危机曲线上所处的位置。另外,还要知道,根据每个人的不同特点,他们经历各个阶段花费的时间可能会减少或增加。

面临的挑战:远程领导

远程领导,也叫虚拟领导,是指员工身处于不同的地理位置或者分属不同部门,很少见面,团队成员之间主要通过电子信息进行沟通交流,这种沟通方式主要依靠数字通信技术来实现。

安娜和虚拟领导

由于新冠肺炎疫情的爆发,所有的差旅项目都停止了,安娜一夜之间成为"虚拟领导"。随着数字技术的发展,销售行业与网络逐渐变得密不可分。网上办公已经不可避免。起初,安娜还不是很习惯这种工作方式,她觉得没办法与员工面对面接触,这种感觉非常奇怪。现在,她开始怀念和员工"在走廊里的闲聊"了。但是,当她在电脑上和她的团队进行远程沟通之后,她发现远程会议效率更高。每个人的发言时间均等,还会有一部分时间来讨论他们的问题。甚至有一次在完成项目之后,大家晚上还

危机曲线
如何跨越危机实现持续增长

> 在网上碰了个头。安娜现在觉得，网上办公比以前更加轻松了。以前，只有在从一个会议赶去另一个会议的路上她才能喘口气，与同事们聊上几句。现在不用这样了，她只需要注意休息，偶尔离开她的办公桌活动一下就行了。

远程办公有利有弊：好处是知识的传播和分享变得更加容易了，我们可以在网上和来自世界各地的专家进行沟通交流。数字技术的发展让我们在世界各地都能及时收到信息。在团队中成员的自我控制力也更强，工作方式也变得更加灵活。此外，远程办公还节省了差旅费用，保护了环境，让交流变得更容易，公司内部的决策制度也不再那么等级分明。

而远程办公的问题在于，这种沟通更加注重任务本身，在情感交流方面不像面对面沟通那样可以拉近人与人之间的距离。科学技术的发展让员工不需要亲自到场便能参与到交流之中。员工被隔离在家，也给他们带来一些问题：他们觉得自己与社会脱节了。对公司的认同感也会越来越低。公司内部等级观念的淡化也会带来一些问题：比如，员工会忽略管理者的存在。此外，沟通方式的改变也会造成更多的冲突，比如，沟通手段的缺失，其中包括面部表情、语调和肢体语言等。因此，管理者必须主动建立信任，维护人际关系。否则，如果员工忽视了管理者的反馈，也会同时错过管理者对他们的欣赏和肯定。

为了快速有效地提升远距离领导能力，提升团队工作的积极性和主动性，管理者需要注意以下几个关键因素：技术、沟通/（目标）完成度、团队规范/准则、表扬/认可、信任/仪式感。

技术

在居家办公之前，整个团队要在一起沟通一下，确定好居家办公时的沟通方式，这样可以增加员工们的责任感。数字技术能够提高生产力。我们可以使用非即时通信软件，比如电子邮件或数字办公系统来收集信息或者进行会议准备。然后，召开网络会议来共同讨论项目内容和项目进展。

这里需要解决以下几个问题：

- 谁来提供技术支持？
- 是否团队里的每个人都精通这项技术？
- 协同编辑的文件要存储在哪里？
- 谁来解决员工遇到的问题？工作时间具体是什么时候？

沟通/（目标）完成度

网络会议不需要亲自到场，因此，需要更多的沟通和交流。我们要在虚拟团队中检查项目的进展以及目标的完成度。需要注意的是：管得过多和不管理一样，都会导致事倍功半。要让员工知道管理者是在关注着他们的。因此，要清楚在何时以及使用哪种方式与他们进行沟通。

> **安娜的问题**
>
> 安娜正在倾听一名员工的抱怨。安娜记得不久前刚和他通过电话，那时的他也是唠唠叨叨说个没完。她觉得他可能是遇到麻烦了。于是，她便提出了一个问题："满分10分的话，1分表示很糟糕，10分表示非常好，那么你觉得项目进展如何？"他脱口而出："我选择2分。"安娜觉得事情比她想象的还要糟糕。于是，她与员工进行了更深入的交谈。原来是他的家庭出现了问题。

团队规范/准则

除了技术之外，团队还必须共同协商，制定新的团队规范/准则。

规范中需要包括接打电话，进行视频会议和收发电子邮件的基本礼仪，确定完成任务的时间。此外，还须确定良好的会议管理制度，包括制定会议议程并安排人员做好会议记录。

在沟通时，管理者需要了解他的员工具备什么样的能

02 稳定

力,并将其归档。在远程办公时,团队成员通常不知道他们的同事具备哪些能力。因此,管理者需要将每个员工的能力和职责制成档案,发送给整个团队其他成员。这样可以加快事务的处理速度,每个成员遇到问题时,可以更快地找到能够解决问题的人。

安娜和"汉斯的能力档案"

能力档案可以帮助安娜和整个团队更好地了解每一名同事。汉斯能够做哪些事情?哪方面是汉斯的强项?可能他与每一名客户都联系紧密,又或者没有人能比他更了解我们的产品。汉斯还有一个能力就是他可以为公司找到新客户。他不害怕被拒绝,而这种能力正是我们在危机中需要的,它可以帮助公司扩大客户群体,提升销售额。

表扬 / 认可

"距离不能产生美。"这句话需要管理者铭记在心。要走到员工中间去,经常和他们沟通,表扬他们取得的成就,并向他们提供反馈。这样可以激励他们,让他们更努力工作。因此,我们还要在网络会议时对员工取得的成就和做出的贡献提出表扬。在团队中获得认可会让员工们感到被重视,会增加其认同感。通过这种方式,即使人与人之间相隔很远,也可以增强团队凝聚力和驱动力。

信任 / 仪式感

良好的人际关系和彼此间的互相信任是团队合作的关键——尤其对于"远程合作"来说，人与人之间相隔很远，更需要这样的氛围。彼此信任和相互支持的氛围对于"虚拟团队"来说至关重要。因此，应该定期举行团队会议，所有的团队成员都应该出席。比如，举行一个在线晨会，我们可以聚在一起讨论一些问题：昨天哪些事情不顺利，哪些事情进展顺利？员工们可以在这里沟通，了解一下项目进展得是否顺利，这些信息以前都是在走廊里闲聊的时候才能够获得的。当项目成功完成或者一个重大难关被攻克时，大家也可以在网上聚在一起庆祝一下。管理者的致谢或者一个简短的网络庆祝活动有利于保持良好的关系，促进相互信任，在增强团队凝聚力的同时也能够提升领导力。

02 稳定

从自我领导开始

危机爆发后,管理者也同普通员工一样,比平时更加敏感脆弱,负担和压力以及恐惧感不断增加。战胜情感及财务上的危机更是需要花费大量的时间和精力,让人心力交瘁。因此,自我领导是一种非常重要的能力。只有能够管理自己的人,才能管理其他人。危机中的自我领导不仅适用于管理者,还适用于普通员工。它可以让人把注意力放在自己身上,更加关注自己的内心变化。在自我领导才能发挥作用之前,首先需要勇于承担责任,并为自己的行为负责。如果说"危机管理"是对外部、对公司负责,那么"自我领导"则是对内部负责,也就是对自己负责。

有的人可能会提出反对意见:"'对自己负责'听起来不错。但我只是被管理的人,又能做些什么呢?"要想解决这个问题,我们先来看看下面这种"消极被动者—积极主动者行为模式"(图 2-6):

史蒂芬·柯维将该行为模式分为"关注圈"和"影响圈"

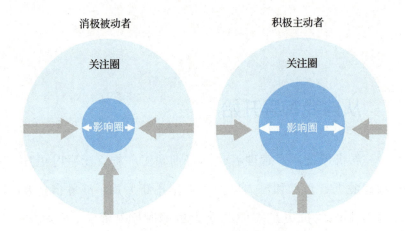

图 2-6 消极被动者—积极主动者行为模式

两个部分。关注圈包括所有与我们有关但不以我们的意志为转移的事物。比如，经济危机、瘟疫、油价上涨或阴雨天气。乍一看，我们无法改变这些事情。但是，这其中有一个很小的区域，即影响圈，我们可以通过努力来影响或改变这些事情。作为管理者，我们也可以鼓励其他人更加关注这个区域。

现在的问题是你在关注着什么：关注圈还是影响圈？消极被动者都在抱怨关注圈里的事情。对于油价上涨这样的事情我们无能为力，不论生气还是抱怨，都不会对油价产生任何影响。但是要如何摆脱这种怨天尤人的角色呢？

02　稳定

虽然我们不能改变汽油价格，但却可以选择步行、骑自行车或使用公共交通工具这样的出行方式。能够积极利用自身能力并把事情做好的人，无论多么渺小，都是一个"积极主动者"。如果能够这样做，你的影响力就会提升，影响圈也会扩大。

积极主动的米娅

米娅向她的团队介绍了这种"消极被动者—积极主动者行为模式"。她把它画在挂图上。最开始，大家都一头雾水地盯着挂图。然后，一名员工说："这就像是半杯水。""没错，"米娅回答，她又提出了几个问题，与大家进行了热烈的讨论。"那我们要关注哪些事情？我今天能改变什么事情？我能做些什么？我们一起又可以做些什么？"大家想出了很多办法，米娅注意到员工们变得越来越有责任心，已经知道自己该做些什么了。挂图一直挂在会议室中，以便大家在需要时随时查看或在以后的会议中继续使用。

当谈到自我领导时，我们更应该关注自己的内心。我们最大的财富就是我们自己。我们如何对待自己？我们如何管理自己？自我管理的四个成功要素是：自律、自知、自信以及自我照顾。

自律

"自律"是指为了实现既定目标而不断努力。在某种程度上你可以控制自己。比如,在危机情况下,规划好自己的每一天并坚定不移地执行。这种力量会支撑着你在未知中摸索前行。又如,新冠肺炎疫情迫使许多人不得不居家办公,那么在家里就应该好好安排一天的工作并严格遵照执行。首先,应完成那些无聊但是又不得不做的工作,比如发布一条人事消息等。自律是一种持之以恒的精神,在这种精神的鼓舞下,我们踏上征途,在筋疲力尽的时候能够坚持下去。我们设定了一个目标并矢志不渝地向着这个目标前进,绝不半途而废。

持之以恒的米娅

撇开米娅遇到的个人危机不谈,到目前为止,米娅的生活非常简单,一切都靠自己。作为一名设计师,她非常有想象力且富有创业精神。在新冠肺炎疫情的艰难时刻,她仍然非常精确地规划了自己的每一天,并制作了自己的"Kanban"。"Kanban"一词来自日语,意为"卡片"——我们在后面会解释该方法的由来。米娅制作了三个小卡片,在上面分别写上"待办事项""进行中"和

02 稳定

"已完成"三组单词。她把这些卡片贴在墙上,在"待办事项"下面,把所有需要做的事情都写下来。这有助于她记住自己要做的事情并且时时刻刻关注事情的进展情况。

米娅在上大学之前一直是一名专业的芭蕾舞演员。跳舞是一项高水平的运动,非常累。鞋尖上的旋转导致脚趾流血,很多次她几乎摔倒在地,无法继续跳舞。现在她也有同样的感觉。在她几乎坚持不下去的时候,她的祖母对她说的一些话,她始终记在心底。祖母对她说:"米娅,坚持住;上天会眷顾每一个坚持不懈的人。"这些话给她带来了勇气,现在仍然激励着她继续前行。

自知

自我认知,就是反思自己并能够正确评估自己的优点和缺点。我是否了解自己的长处和不足?正确的自我评估可以帮助我们在危机中进一步找到自己的位置。在危机中反思自己的价值取向和定位,可以帮助自己和团队走得更远。这样做的先决条件是能够客观地看待自己的思维方式和行为方式。我们可以问问自己,为什么这样想、这样做,以及这样做(想)的意义何在。在这种自我批评和反思的过程中,我们对自己的立场和行为进行了检验。将我们在自己心目中的形象与在他人心目中的形象进行比较，这意味着我们在积极寻求反馈。管理者可以问问自己：我应该如何在新的形势和环境中定位自己，才能在危机中为团队和公司更好地做贡献？

> **卡斯滕的自我训练**
>
> 卡斯滕之前一直跟着教练练习拳击。在这个困难时期，卡斯滕作为公司领导日子也不太好过。于是，他便选择了一些简单的运动方式。晚上，他会做一些放松活动，一边运动一边自我反省。有时在晚上入睡前，一天发生过的事情会在他眼前一一浮现。因此，他选择在晚上运动的时候回想一天中的得失：今天什么事情进展顺利？还有哪些问题需要解决？还有哪些需要改进的地方？这种思考让他的思维更加清晰，同时也有助于入眠。

自信

与自我怀疑相反，拥有自信心意味着我们相信自己，相信我们自己本身拥有的力量和能力。而拥有"自信心"也意味着我们拥有足够的能力和正确的态度来带领自己和其他人度过危机。我是否有足够的自信来做出决定并立刻采取行动？我是否相信自己能够成功带领团队度过危机？

拥有自信心才能放心大胆地行动。尤其是在危机时期，更需要自信的管理者来激励自己的员工。

每个人都在人生中以不同的方式从父母、学校或朋友身上学会自信。我们也可以通过训练来增强自信心。比如，把自己的想法付诸实践，这样我们逐渐会变得自信起来。最好的办法是找到你喜欢做的事情，并在这方面发挥自己的才能。这件事不需要特别困难，它可以是某项体育运动之类。重要的是你要在内心中与自己达成一个协议，并严格遵守，慢慢地，自信心就会增强。

安娜与害怕失控

安娜在网上领导她的团队已有一段时间了，现在她想知道这种领导方式对她这个部门主管的权力是否有影响。她有点害怕团队失去控制，因为她真的不知道员工整天在家里做些什么。她与员工的私下交流变少了，也没有得到任何反馈。她能带领团队度过危机吗？她知道这是信任的问题，更确切地说，她变得不自信了。她想要给团队成员们一点信任，也给自己一点自信。于是，她决定以后每天早上喝咖啡之前进行五分钟的冥想。说做就做。一周后，她注意到她的自信心增强了。她把自己想做的事情做成了，冥想本身也让她更加放松，于是她变得更加自信了。

危机曲线
如何跨越危机实现持续增长

自我照顾

自我照顾是一种自我导向型行为,它可以帮助我们调动力量,更好地面对压力。比如,危机或者变化,等等。它会让我们对自己更加宽容,尊重自身的需求,更加关注自身的变化。危机时期,管理者和员工会面临很多挑战。不安和恐惧正在蔓延,事态紧急。为了应对新的形势,每个人都开始加班加点,工作比以前更加繁重。我们的心跌进了绝望的谷底,感到无计可施。那么,在这种情况下如何做才能让情况稳定下来呢?答案就是自我照顾而不是自我优化。也就是说:别再自我压榨了,好好照顾一下自己吧!

我们需要好好考虑一下以下几个问题:
- 什么可以帮到我?
- 我有什么需求?
- 怎样做才能不再心力交瘁?
- 如何更好地面对接踵而来的压力?

如果大家都因为工作过度疲劳而生病,那就得不偿失了。要学会对额外的工作说"不",或者在忙碌的工作中

02　稳定

偶尔休息一下。可以倾听自己内心的声音，知道什么对自己是有好处的。然后，挖掘自身的潜力，保持精力充沛，最终才能为公司创造价值。

如果还想了解更多关于自我管理和实现目标的技巧，可以看看苏珊娜·尼科尔的《实现目标》一书。

危机曲线
如何跨越危机实现持续增长

我和我的公司在哪里

企业的经济危机与我们提出的危机曲线所描述的内容大体一致。不论是慢性危机还是突发性危机都是一样的：最开始我们都不想承认危机的爆发。尽管我们已经失去了第一批客户，或者营业额已经开始下降了，但这并没有让我们伤筋动骨。"客户很快就会回来，"我们总是这样认为，或者说"人不可能总是一帆风顺"。就像个人层面的危机曲线一样，所有受危机影响的人（即管理层和员工）的感受都是不安、压抑以及承受着巨大的心理压力。

紧接着是"理解"阶段。接二连三的问题导致利润减少，甚至出现亏损。有时甚至无法按时或全额支付供应商的货款和员工的工资。公司管理层从外部税务顾问或内部控制人员的口中得知，公司的情况确实在不断恶化。从危机曲线第二阶段我们可以看出，公司的最终营收不断减少，现金流压力很大，这一点我们会在后面进行更详细的解释。

02　稳定

弗朗茨的经营危机

在扣除所有员工工资和自己的微薄薪水后，弗朗茨没有任何盈利。他和家人一起住在面包店里。幸亏面包店的房子是他们自己的，否则他们还得支付昂贵的租金。然而随着疫情的发展，面包店已经入不敷出，连自己和母亲的薪水都快发不出来了。而他的主要供应商——面粉厂也在询问是否需要继续供货。

卡斯滕的经营危机

在失去了急需的订单之后，从第二年起，卡斯滕每年将损失30%左右的营业额。虽然这样也会降低企业运营的成本（比如，购买原材料和雇用临时工的成本），但是如果继续全额支付员工的工资，那么企业将立刻陷入亏损状态。因此，他不得不解雇大约15%的员工。

核心客户的解约导致卡斯滕的公司出现了经营危机，然而在这种危机发生之前往往都会出现一些征兆。营业额下降的原因通常在于激烈的价格竞争，比如，弗朗茨和面包折扣店之间或是卡斯滕和全球竞争对手之间的竞争。还有一点非常重要：竞争对手的报价往往与他们的质量有关。

折扣店里的面包虽然不那么好吃,但也能让人吃饱。来自他国的电子产品可能寿命较短,但价格便宜得多。对于客户来说,竞争对手的商品已经可以满足需求了,而且价格还便宜,那么为什么还要选择更贵的产品呢?他们要么不了解弗朗茨或卡斯滕所提供的产品附加值,要么是这些产品对他们来说没有其他的用途。而且,卡斯滕的公司也过于依赖那些大客户了。为什么会出现这样的事情呢?

没有遭受过挫折的企业的命运

许多企业一直以来发展一帆风顺。客户稳定、销售额增长,于是他们便不再关注市场变化,直到客户的需求发生变化,新的竞争对手出现。如果竞争对手拥有价格优势,那就更糟糕了:他们通常从质量一般的商品开始打价格战。弗朗茨绝对不会将折扣店的烘焙食品与他的优质产品进行比较,而卡斯滕也长时间忽视了市场上的他国竞争对手。但实际上,客户的需求也发生了变化,他们开始接受那些价格便宜但是质量稍差一些的产品。此外,随着时间的推移,竞争对手的产品质量也会不断提高。

在成本不变的情况下,销售额下降会导致盈余(利润)减少,如果情况更糟还会导致过度负债。"过度负债"是指公司的债务(负债)高于其资产(比如,房地产、机器、

02 稳定

库存和手头现金等），如图 2-7 所示。

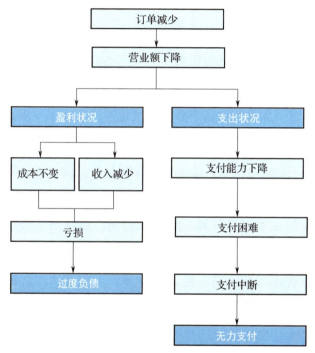

图 2-7　企业危机的经济后果

自测 1：我们能否实现收支平衡

弗朗茨和卡斯滕首先需要对他们公司的当前收入和成本有一个总体了解，然后对未来的收入和成本进行推算。这里可以利用月度收益表来增加公司财务收支的透明度。

月度收益表

通过月度收益表（表2-1）可以了解公司销售额的发展趋势，以及是否仍有足够的收入来支付各种成本项目。这里所指的销售额，即以货币为单位（比如欧元）的收入，而销量指的是销售数量（以公斤、工作时间或售出产品数量为单位计算）。如果销售额下降，无法覆盖产品成本支出，那么就会造成亏空。表2-1将计划产值和上一个生产周期的产值罗列在一起进行比较，让公司的发展趋势变得一目了然。

除了收入（销售额等）外，月度收益表还显示了公司最重要的成本项目及其当前发展趋势。也就是下表中的原材料成本以及所有员工的工资和薪水。最终根据收入和支出计算得出经营收益。再连同财务管理利润（比如银行贷款利息或证券收入），计算出月度营收，即盈余（利润）或赤字（亏损）。

表2-1　月度收益对比

项目	截至报告日期				累计值				上一季度
	计划	实际	误差		计划	实际	误差		
			绝对值	百分比			绝对值	百分比	
销售额									
原材料成本									
毛利润									
其他收益									

(续)

项目	截至报告日期				累计值				上一季度
	计划	实际	误差		计划	实际	误差		
			绝对值	百分比			绝对值	百分比	
工资和薪水									
公关费用									
税收									
差旅费用									
其他费用									
折旧									
运营收入									
利息和费用									
财务管理利润									
月度营收									

公司盈利能力

财务收支透明度的两个关键因素是当前收入（销售额和接到的订单）和支出（即成本），这两个因素决定了公司的盈利能力。也就是说，一家能够盈利的公司，它的收入必然大于支出，这样才能获得利润。但是，这个利润能否达标，只能通过我们上面提到的各项盈利指标来进行判断。

健康盈利还是非健康盈利

采用不同方式来计算利润率主要是因为将盈利数字定义为公司盈利的标准是不准确的。10万欧元的利润是多还

危机曲线
如何跨越危机实现持续增长

是少？对于一些比较小的公司来说，10万欧元的利润已经很不错了，但对于大型企业来说，这个数字虽不会让公司一蹶不振，但也会带来相当糟糕的后果。因此，要用相对的眼光来看待利润这个问题，也就是说，要将利润与其他数字联系起来。这就意味着在衡量企业利润率的时候要将利润与销售额及投入的成本联系在一起，进行综合考量。内行人士可以从中看出所投入资本的回报率，并拿来与其他投资机会进行比较。

此外，我们所说的生产力是指产出和投入之间的数量关系。如果是在面包店里，那么"产出"就是生产出的面包的数量。将产出与原材料（面粉、水、盐等）的数量或者生产消耗的工作时间进行比较。如果与之前相比，生产同等数量的面包所消耗的原材料或人力（投入）减少，或者使用数量相同的原材料或人力（投入）可以生产出更多的面包，那么生产力便提高了。然而，我们在讨论生产力时，却忽视了产品的质量。

说回到盈利能力：10万欧元的利润对某些人来说可能是一个好结果，但对另一些人来说则并不那么理想。小公司的资产相对较少，可能只有25万欧元，而大企业的资产往往会超过500万欧元。小公司的股本回报率为40%，大公司则只有2%。10万欧元的利润对于小公司来说已经可以

02 稳定

算是收获颇丰,但对于大公司来说却远低于预期。

所谓的股本回报率是投资者最感兴趣的内容,因为它反映出了利润与所投入资本之间的关系:

$$股本回报率 = \frac{净收入}{股本} \times 100\%$$

利润是什么

利润可以是年度财务报表上面的净收入,也可以指上文所提到的企业的经营所得或月度营收。

"自有资本"是指投资者为企业运营提供的,供企业无限期使用的资本或财产。这些资金来自外部(比如股东的投入资本以及社会募集资本)以及内部不分红资本(即自筹资金)。将利润继续累积到本金中,导致本金不断变动:如果公司在年底有年度盈余,股本就会同比增加。相反,如果出现赤字,则本金会相应减少,这意味着产生了亏损。

投入资本的股东对公司承担责任。在无限公司与有限公司等股份公司中,至少有一个自然人(即个人而非公司)对其私有财产承担额外责任(有限责任公司以及合资公司除外)。这种责任非常重要,因为它可以在公司危机中保护债权人。债权人是指所有给企业提供贷款的机构或个人,比如供应商、员工或银行。根据德国法律,债权人受到最高级别的保护。因此,自有资本比借入资金具有更大的风险。

危机曲线
如何跨越危机实现持续增长

借入资金包括一切非自有资金。与自有资本相比，借入资金仅在有限的时间内供公司使用。这种资金包括债权人的所有债务。这种债务企业知道需要支付多少、付给谁以及何时支付，也可能是一笔准备金，企业已经知道这笔钱要付给谁，但是付款金额以及时间仍然是不确定的。换句话说，企业对尚未收到货款的供货商、银行（贷款）以及已经支付定金的客户负有责任。

该责任保证债权人的利益，即企业破产时，必须在清偿债务后，投资者才能够收回投资资金。此外，雇员的养老金（非国家养老金）、未向税务机关支付的税款或雇员的假期和加班权利也受到同样的保护，由企业设置的准备金清偿。对于此项债务，虽然知道债权人的具体姓名，但还款金额和日期仍不确定。因此，这里称之为不确定债务。

投资者的投资回报率与行业无关。投资者冒着风险长期投资一家企业，目的是能够获取高额的回报。投资回报率越高，企业就越被看好。良好的投资回报率一般可达到12%及以上，更好一点的可达到15%及以上。当然，投资回报率相对较低的公司也不一定是经营状况不良。有的公司投资回报率与上一个财务年度相比稳步提升，我们也可以认为这家公司在管理层的领导下蒸蒸日上。

02 稳定

现在,大一些的公司可以通过引入外来资金来提高其投资回报率。有的专业人士称之为"杠杆效应",因为在这种情况下,引入外来资金比筹集内部资金的代价更小。由于预期的股本回报率,股权成本更高。为了平衡这种杠杆效应,专业人士喜欢关注总体资产回报率,或总体资产收益率,而将外来资金与自有资金共同计算,作为企业经营的基础。

$$总资产收益率 = \frac{利润 + 外来资金利息}{自有资金} \times 100\%$$

总资产收益率反映了自有资金和外部资金投资者的综合收益。因此,必须将借入资金的利息计算到利润中。它们是在同一时期产生的,但是将利息算作支出后,相应利润就会减少。

总资产收益率不仅对家族企业非常重要,银行这类的外部投资者也非常关注这一点,因为银行要靠给企业提供贷款以获取利息收入。该数字有助于更好地评估公司的业绩,因为它没有考虑企业融资带来的影响。总资产收益率也与借入资本的利率密切相关。高于借入资本利息的收益率意味着公司的投资获得的利润比向借入资本支付的利息更多。这样有助于进一步筹集外来资金以进一步增加利润并提高股本回报率。

自测2：我们是否具备支付能力

盈利能力体现的是公司的基本的获取利润的能力。但是，如果没有足够的资金来支付债权人的未偿账单，公司也可以实现盈利。因为盈利能力只是间接对偿还能力产生影响。当客户需要支付账单上面的金额超过所有生产成本时，企业才会产生盈利。此外，只有当客户实际支付这些账单时，企业才能收到钱！

"支付能力"是指公司按时履行其付款义务和工资支付的能力。我们也称之为偿还能力。简而言之，偿还能力是指账户报表上真实的进出资金的过程。如果没有足够的偿还能力，公司就有可能无法支付货款，从而有破产的风险。在大多数情况下，破产意味着企业失去生存的空间以及员工失去工作。

规划的重要性

对于每家公司来说，要想拥有偿还能力，必不可少的先决条件是对企业运营中的现金流量进行准确规划和监管，并将其按照支付日期和流动资金存量（手头现金、德国央行余额、银行余额和支票）进行分类。我们可以使用月度流动资金计划表来作为规划和监管的工具，如表2-2所示。这个表格通常涵盖接下来的6个月（最好是12个月）公司内部所有的计划收入与支出，其中包括当前月份的实际值和对未来几个月的计划。

表2-2 流动资金计划

	1月	2月	3月	4月	5月	6月	7月	8月	9月	10月	11月	12月
收入												
营业额												
其他												
收入金额总数												
支出												
投资支出												
薪水支出												
原料支出												
其他运营支出												
利息												
偿还金额												
营业税												
其他税												
私人提款												
其他												
支出金额总数												
盈亏												
上个月结余												
有效流动资金												

危机曲线
如何跨越危机实现持续增长

乍一看，流动资金计划表与月度营收报表结构相似。事实上也确实如此，但这份计划表主要对过去和未来与流动资金相关的收入和支出情况进行展示。专家将这种流动资金的结余称为"现金流"。我们把这种现金流看作盈余（利润），它是指根据银行对账单，从上个月的收入中扣除所有成本后产生的盈余（利润）。然而，这种现金流也可能是负数（即亏损）。

除此之外，还有一点非常重要：在做计划时应将上个月的流动资金结余添加到每月的盈余或赤字中。通过计算收入和支出之间的差额以及上个月的结余可以得出本月的资金余额，也就是公司可用于偿还债务的流动资金。但是，如果余额出现亏损，则应尽可能通过短期银行贷款或其他措施加以弥补。

米娅面临的危机

在遭遇了新冠肺炎疫情之后，米娅公司的资金链断了。她没钱支付给外面请来的平面设计师和程序员，也没有足够的钱来发放自己员工的工资。很显然，她的公司缺乏必要的流动资金。于是，她打电话给银行，想要提高贷款额度。然而，她的请求被拒绝了。虽然银行几周前公开表示与她的合作很愉快，但她现在还是无法得到短期周转的资金。

02 稳定

公司的信用等级如何

高信用等级意味着出借方向借款方（公司）提供贷款几乎没有风险。因此，贷款的利息通常较低。反过来，信用等级差的公司贷款违约风险较高，因此他们所需支付的利息也会相应较高。

如果信用评级非常差，那么就要考虑该公司是否还能够获得贷款了。特别是在财务困难的情况下，如果公司在遇到困难时缺乏资金（比如过渡性贷款），那么就会失去支付能力，这样会危及整个公司的生存，甚至砸了员工的饭碗。

根据《破产法》规定，导致破产的原因有两个：没有偿付能力（《破产法》第17条）或即将失去偿付能力（《破产法》第18条），以及资本投资公司（比如股份公司或有限责任公司）过度负债（《破产法》第19条）。在破产的情况下，公司没有足够的流动资金，即现金、银行余额及支票等。当债务人的资产无法清偿现有负债时，就会出现过度负债。

为了避免发生破产危机，我们将资金流动比率分为三个等级。第一个等级（"可用现金"）是现金账户中立即可用的流动资金除以短期负债，即一年内须向债权人偿还的所有债务。第二个等级（"短期"流动资金）将短期内应收款项添加到现金中，用所得总和除以短期负债，即公司偿还债务之前，客户应该按时支付账单。第三个等级

（"中期"流动资金）用全部流动资产除以短期负债。三个等级的资金流动比率最终应达到100%，否则目前的短期资产将不足以清偿明年到期的所有债务。

然后就是流动资产：除了盈利能力和流动资金之外，我们还可以通过考察流动资产的资产价值来对公司的风险承受能力进行快速评估。除了刚才提到的现金余额之外，还应包括客户未支付款项（即所谓的未清应收账款）之类的项目，因为这些款项我们很快能够收到。存货包括原材料、在产品和制成品，这些存货占用大量财务资产，同时也是公司维持生产和经营的必备条件。因此，不同等级的流动资产为应对经济危机提供了不同的前提条件。

02 稳定

金钱：第一步应采取的应急措施

只有了解企业在危机中的实际状况以及主要问题之后，才能立即采取措施改善经济状况。当前的措施包括两个核心领域：一是增加收入或降低成本（提升盈利能力），二是改善财务状况和增加流动资金。提升企业盈利能力和增加流动资金是公司管理的核心目标。它们可以用来支付员工工资、向供应商付款、提升银行的信誉等级、支付股东分红以及防止企业破产。

提高收入

首先，让我们直接从提高收入开始，来迈出提升盈利能力的第一步。在危机来临的时候，稳定的收入是非常重要的，当然，我们更加希望收入能够稳中有升。只有保证产品性能和质量才能减少客户的投诉，保证收入的稳定。

危机曲线
如何跨越危机实现持续增长

弗朗茨：保证质量

虽然疫情带来了大量的损失，生产成本也提高了，但是弗朗茨从来没有考虑过降低产品质量。相反，他要求店里所有的面包师和店员要保证产品的质量和服务，努力经营着面包店。因为他知道：如果现在降低产品质量，那么就会有更多的客户选择 Aldi 和 Lidl（两家德国超市）。

安娜：赢得客户的信任

目前市场上有一些流言蜚语，导致一些客户对安娜所在的公司失去信心。为了解决这一问题，不让危机进一步加剧，销售主管安娜亲自和公司的客户服务部门（大客户经理）一起负责与重要客户（贸易伙伴）的沟通和联系。公开、透明的沟通是稳定企业经营的第一步。他们仔细调查，共同商讨问题的解决方案。

提升营业额

除了保证收入之外，还要尽量在短期内提高销量。不要让人们在买东西的时候首先想到的是特价商品。我们可以多开展一些促销活动，比如销售人员的电话营销和拜访、设置或（进一步）提高销售奖金、加大广告投入和公共活动，等等。但是要注意一点：对于这些措施来说，钱是必不可少的，而现在正是你缺钱的时候。

安娜：专注销售高利润产品

像安娜公司这样的消费品制造商一般通过电视、杂志和互联网上的广告以及促销活动、展台或免费样品等促销措施来接触客户终端。公司通常会为此投入大笔经费。但在危机时期，销售和广告应侧重于那些高利润率的产品和服务，因为高利润产品能贡献更多的利润。

卡斯滕：减少折扣

在卡斯滕这个行业，当客户进行大宗采购，或者不需要物流服务的时候，通常会给客户一些折扣。在财务困难时期，要对这些折扣进行限制，因为它们会导致产品价格下降，从而减少公司盈利。

降低成本

除了稳定和增加收入外，还可以通过降低成本来提高盈利能力。这里所提到的成本包括三个方面：人力成本、原材料成本和生产成本。

人力成本

在危机时期,企业一般都会选择降低人力成本来节省开支,比如减少内部员工和外来临时工的人力支出。在这方面要如何节省成本呢?至少存在以下四种选择:减少临时工的数量、弹性工作时间、缩短工时以及试用期解雇。

许多公司在危机时期的第一个选择就是临时终止与其外部员工的合同,包括临时工、企业顾问和服务商,这样做可以直接节省开支。但千万不能忘记,这些人经常参与到公司重要的工作流程中去。因此,这种临时措施可能会出现问题。

此外,根据危机的类型和严重程度,工作时间可能会缩减或增加。第一步要做的是灵活应变,根据具体情况选择增加或减少工时,使用"工时账户"可以让员工的工作时间更加灵活。在用工高峰期,员工可以选择不收取加班费,将加班的时间存入"工时账户",在工作较少的时候可以选择休息以抵消加班工时。如果临时有急事,还可以选择透支"工时账户"。

如果由于停止供货或生产限制等经济原因,或者遇到不可抗力,比如公司因政府防控措施而关门,那么可以选择缩短工时的方式来节约成本。在缩短工时之前,必须要

02 稳定

看看员工去年是否还有年假未休,加班工作是否可以取消。一般来说,根据法律规定,当企业 1/3 的劳动力面临失业威胁的时候才能申请缩短工时。而在新冠肺炎疫情期间,立法机构更是将这一比例降低到 10%,并且不再将"不加班"作为缩短工时的先决条件。

弗朗茨:缩短工时

面包店店长弗朗茨向联邦就业局报告并提交了缩短工时申请。他的面包店没有设立工会,也没有相关的协议,因此必须征得有关员工的同意。如果申请可以通过,那么公司只需按照员工工作量来支付工资和社会保险费用。如有必要,工作时间甚至可能会减少到零。

此外,联邦就业局还会发放短时工作补贴作为救助金。其金额为员工净工资损失的 60%,对于有孩子的员工来说是 67%。任何拥有至少一名员工的雇主都可以申请,这里不包括临时工。短时工作补贴最多支付 12 个月。在联邦就业局网站主页可以找到相关建议及申请表。雇主可以自愿将短时工作补贴提高到 100%,但不可以对雇员提出任何其他要求。如果工会和企业签有劳资协议,那么可以看看里面是否有提高补贴的相关条款。

另一个有些极端的方法就是在试用期内解雇。如果试用期不超过 6 个月，可以提前两周通知终止雇佣合同。这一期限对雇主和雇员都有效力。一般来说，终止雇佣关系需要提供理由。而在试用期，用人单位可以无理由解除劳动合同。

原材料成本

采购和物流方面的优化措施有助于降低原材料成本。因为如果原材料的采购成本以及使用成本降低，那么产品本身的生产成本也会同时下降。

弗朗茨：合理的进货价格

弗朗茨直接从磨坊提货，为自己节省了运输费用。此外，他还减少了其他种类面粉的采购数量，主要集中采购几种优质面粉。弗朗茨购买的数量越多，折扣的力度就越大，价格也会越便宜。

卡斯滕：合理的进货价格

卡斯滕的公司结构和规模更大，因此，他可以更进一步：通过寻求新的供应商、降低运输和存储成本以及加大供应商评估等措施，来降低采购原材料及服务的价格。库存规模的减少以及订货数量的增加也降低了采购价格，从而提高了销售利润率。

02 稳定

生产成本

降低生产成本也是一项非常重要的措施。这里主要指优化生产流程、保证产品质量以及将部分业务委托给外包公司等。

米娅：优化生产流程

米娅手下有两名女裁缝，一名全职，一名兼职。一直以来，两位裁缝一直各忙各的。但是，兼职的裁缝已经是老师傅了，而全职的裁缝还是个新手。这名新手在复杂工作中浪费了大量时间。在与两人协商后，米娅优化了生产流程，让全职裁缝承担所有简单的任务，而老师傅则专门负责复杂的缝纫工作。这样提高了工作效率：现在在人员成本相同的情况下，一周内生产的服装数量增加了15%。

弗朗茨：保证产品质量

弗朗茨最近几个月一直在和一家酒店合作。他在每天早上7点钟之前为酒店客人送去新鲜的烘焙食品做早餐。一开始，他把这份工作交给了一名学徒。但是总是会接到投诉：要么是订单配送不齐全，要么是烘焙产品带有瑕疵。后来，弗朗茨与这名学徒谈了一次话，指出了他的问题，从那以后，酒店业务慢慢好了起来。

> **卡斯滕：业务外包**
>
> 卡斯滕的公司曾经组建了一个非常烧钱的IT部门。公司的现代商品管理系统（企业资源计划，简称ERP）和新客户管理系统（客户关系管理系统，简称CRM）相继投入使用。卡斯滕把互联网这部分的整体业务外包给外部合作伙伴。IT领域的业务外包不仅可以降低成本，而且在安全性上也更有保障（比如，防止故障、备份和数据保护等）。专业人士将此过程称为"自制或外购决策"，主要指企业围绕既可自制又可外部生产的零部件的取得方式而开展的决策。

其他降低生产成本的方法还包括减少残次品的数量，因为处理这些残次品需要花费大量的时间（比如，改装、更新换代等），从而导致生产成本上升。此外，还有生产技术改进，可采取提高/降低产品加工深度、减少能源消耗或放弃临时存储等方法。

增加流动资金

想要改善财务状况，增加流动资金至少有三种办法：贷款获取、应收账款管理以及清理库存与资产。

02 稳定

贷款获取

从米娅的例子我们可以看出,在危机时期,公司一般很难从银行获得贷款。在"正常"时期,银行贷款是许多公司除了融资之外最重要的资金来源之一,可以帮助我们解决缺乏流动资金的问题。但是,要想获得银行贷款,企业需要良好的信用,银行称之为"企业信用评级"。而这种信用等级在企业危机期间会逐渐降低,从而使企业很难继续获得(周转)贷款。谁还愿意投资一家前途未卜的公司呢?在新冠肺炎疫情爆发时期,德国复兴信贷银行迅速代表国家介入,为面临短期流动资金瓶颈的公司提供支持。还有短时工作补贴和企业一次性援助补贴也能帮助公司脱离困境。

卡斯滕的股东借款

就像银行贷款一样,卡斯滕作为公司的股东,也可以把周转资金借给公司。这笔借款被称为股东借款。在企业破产偿还债务时,卡斯滕要排在其他债权人之后,即股东借款的还款优先级较低。由于本人就在公司内部就职,卡斯滕可以非常准确地评估借款的风险。在股份公司(比如无限公司、有限公司等)中,股东借款被视为投资,收回借款被视为撤资。

危机曲线
如何跨越危机实现持续增长

弗朗茨的员工借款

在父亲去世之前,弗朗茨的父母就把面包店连同地皮一起赠与了他们的儿子。这样做一方面是因为遗产税的原因,另一方面也是给弗朗茨一个明确的信号,那就是他应该从现在开始负责业务了。为此,弗朗茨的母亲还将自己的股份也转让给了儿子,此后一直在店里当一名普通员工。作为一名员工,她也可以给儿子提供借款。有了这笔员工借款,母亲就成为出借人,两人还要就利息、还款、期限和担保等事宜签订明确的书面合同。

应收账款管理

除了贷款和借款之外,还有许多其他措施可以改善财务和流动资金状况。比如积极催收应收账款。许多公司允许客户在收到发票后几天或几周内支付货款。在这种情况下,公司便成为客户一方的债权人。从客户角度来说,这种负债被称为"供货商贷款"。因此,在经济危机中要采取的首要措施便是查看客户的未清应收账款:可以通过积极催缴等方式尽快收回这笔钱。

问题是普通的公司不像专门从事借贷行业的公司一样:他们很少向客户催缴欠款,也不管违约期限等问题。然而,对于一家成功的公司而言,最重要的就是管理这些未偿债务(应收账款)并在必要时提醒客户付款。

卡斯滕:还款监督

卡斯滕与会计和销售部门密切合作,为他的客户协调还款事宜。客服部门会积极与长期拖延付款的顾客进行沟通。只有在客户支付货款的前提下,公司才会接受客户提出的新的特殊要求(比如,定制货品、提前交货或择期交货等)。

烂账和坏账会对一家公司产生严重的影响,造成极其糟糕的后果。尤其是对于中小型企业来说,尽管经营状况良好、盈利颇丰,但往往会由于客户不支付账单而陷入财务困境。这些小公司的家底很薄,遇到这种猝不及防的"客户贷款"时会举步维艰。当他们的资金链断裂时,就可能导致公司倒闭,员工失业。

为了弥补坏账,公司必须在其他方面更加努力,开拓更多的销路,需要付出更多才能填补坏账带来的损失。比如,如果一家公司有 2 万欧元的坏账和 4% 的销售回报率(销售回报率 = 利润 / 销售额),那么该公司就需要 50 万欧元的额外销售额来弥补坏账。

危机曲线
如何跨越危机实现持续增长

米娅：持续催缴欠款

如果米娅的客户未在约定的付款期限内支付账单，那么米娅会立即发送付款提醒。但是，她会事先调查一下，看看客户是否如期收到了货物，或者是否有正当的投诉理由。如果客户仍然不付款，那么就会收到正式的催讨通知书，紧接着是第二封，这封通知书来自米娅的律师，语气相对严厉。如果仍然没有收到回款，米娅就会申请合法的催款程序。

安娜：债务转移

在某些行业，比如消费品行业中，有专门的催款公司。安娜的公司可以把债务关系转移到这类公司身上。这种外包形式将坏账风险转交给第三者，同时降低了自己公司的人员和材料成本。如果公司将应收账款出售给专门的催款公司,那么这种应收账款的出售行为被称为"保理"。

其他的应收账款管理措施包括：快速出具账单、优先考虑快速付款的客户、与老客户开通自动扣款服务、客户定金制度、检查客户的信誉度以及货到立即付款等策略。同时，还可以与主要供应商就付款方式进行协商（比如优惠、现金折扣和延长付款期限等），重新确定采购价格，甚至可以要求延长供应商贷款的期限等。这里讨论的仅涉及专业的应付账款管理方面的措施。有时供应商（债权人）也非常希望能够帮助自己的客户来度过经济危机，这样他们才不会同样陷入危机中。国家的财政机关也会在危机中提供适当的帮助。比如，可以使用特殊的折旧方式来抵扣税款、制定税收政策或申请延期纳税等措施帮助企业脱离危机。

清理库存与资产

除了应收和应付账款管理之外，清理库存也可以增加流动资金，但前提是不要影响正在进行的业务。

安娜策划的促销活动

安娜的公司拥有大量的成品和半成品库存。公司储存大量货物，主要是希望能够提高供货速度，满足客户的需求，提升满意度。但是，库存占用了大量的资源。为了尽快将其转化为流动资金，安娜和市场部同事们策划了力度很大的促销活动来销售积压的制成品。剩下的半成品也会继续加工完成，然后由安娜和她的团队通过促销活动售出。

这种力度很大的优惠活动能够为企业提供大量流动资金。安娜通过减少占用资金的库存为企业赢得了喘息之机。

然而，这种促销活动虽然可以增加收入，但是在危机时期也可能为企业带来双重风险：它们会束缚产能，进而束缚成本。此外，这种优惠活动还可能危及企业的盈利能力。

卡斯滕：出售闲置资产设备

卡斯滕的电气公司里还有一些闲置设备。这些设备在生产的过程中已经用不上了，其中有些设备是在项目失败后闲置下来的，有些因为企业转型而被放弃了。现在这些设备一直被搁置在角落里。通过出售这些闲置设备，可以为公司带来重要的财务资金。

米娅的租赁业务

幸运的是，米娅在创业初期就已经注意到了不让太多的固定资产占用流动资金。她们的电脑都是租用的；她们的服务器也是从外部服务商那里获得的云服务器，每个月都可以更改或取消这些服务。

03　创新

> **危机曲线**
> 如何跨越危机实现持续增长

抓住机遇,勇于创新

在危机曲线里,我们正处于低谷之中。从经济学角度来看,这也就是所谓的"可比性泥潭":你的产品并不比竞争对手的好,于是客户会选择最便宜的购买。随着价格下降和客户减少,销售额随之下降,入不敷出,企业最终出现亏损甚至支付困难。要想走出低谷,迎来第三阶段的突破,企业必须挣脱"可比性泥潭"!那么要怎么办呢?

走出"可比性泥潭"

能够确保公司长期生存的战略只有两种:要么是"成本领先战略",要么是"客户领先战略"。企业要么选择精简服务流程和结构,薄利多销;要么选择客户优先,为客户在质量上或情感上提供附加值,让他们自愿接受附加费用。

03 创新

特格尔恩湖畔的客户价值引领者

鉴于其业务范围主要集中在特格尔恩湖附近,弗朗茨几乎不可能选择成本领先战略。要想在成本方面领先,他必须优化产业模式,把自己的产品卖到更远的地方,这样才能取得更高的销量,同时,他还要在生产和采购方面实现更多的成本优势。但是,如果他想继续沿用传统烘焙工艺并继续生产出高质量的产品,那么他就只剩下"客户领先战略"一条路可以走了。

然而,对于那些既没有成本优势也没有在客户服务方面高人一等的经营者来说,他们会发现自己已经在"可比性"和"可被替代性"中泥足深陷。这些企业代表着平庸、营利能力很低甚至为负,只能通过打价格战的方式苟延残喘。从长远来看,这种经营方式甚至会危及企业的生存。

有些企业虽然具备成本优势或提供了附加服务,但是企业本身却并没有意识到,也没有能让顾客了解这一点。这样的企业同样在危机中苦苦挣扎。

成本领先战略和客户领先战略是对迈克尔·波特1985年提出的世界闻名的竞争战略的进一步发展(图3-1)。成本领先战略和客户领先战略源于明确的战略重点、完善的管理和不断的创新。整个企业都需要明确重点：如果哪一个部门或项目团队没有任何成本或服务优势，那么是无法长期存在的。对于员工、外部供应商或非营利组织也同样如此。他们都需要始终如一地向着一个目标前进——不断发展（创新），以免陷入"可比性"和"可被替代性"的危机之中。

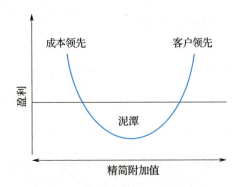

图 3-1　成本领先战略和客户领先战略

今天取得的成本领先和客户领先优势可能在明天就会消失。全球化的市场和实时信息的共享使企业的竞争对手能够快速分析并了解该企业当前的竞争优势，并复制它们，甚至在它们的基础上进一步发展。因此，企业需要一次又一次地创新才能长期生存！然而，企业往往因缺乏战略、目光短浅或无知而走下坡路。

03 创新

陷入危机的电子厂

为什么重要的客户不再将订单交给卡斯滕的公司呢？因为他们在他国找到了同样质量的产品，这些产品的价格更低。来自他国的竞争对手明显在成本方面控制得更好，因此他们在价格低廉的同时仍然有很大的利润空间——他们选择的是"成本领先"。虽然选择德国作为生产地确实要花费更多的成本，但是卡斯滕的主要问题不在于生产地的选择，而在于他的产品是如此"普通"。他的公司提供的都是那些老式的、可以替代的电子元件（成品及半成品），几乎没有独特的卖点。如果你问卡斯滕自己，他也认为自己的公司没有机会从竞争中脱颖而出。

问题不仅如此。许多过去无法想象的事情正在慢慢变成现实：随着数字化技术的不断发展，许多创新型公司正在慢慢地把成本领先和客户领先两组模式结合在一起。比如，Check24（德国）、Spotify（瑞典）和Airbnb（美国）等互联网公司都是"成本领先和客户领先并重"的领导者。

现在，让我们回到本章开头的问题：要如何走出低谷和"可比性泥潭"呢？只需要始终专注于以下两种战略之一：成本领先战略或客户领先战略。为此，我们必须反复地研究当前公司的经营模式（如服务范围、结构和流程等），并通过创新不断地改革发展。

创新的成功因素可以用四个词来描述："意愿""许可""能力"和"行动"。如果管理者和员工都不想创新，只想墨守成规，那么只能循规蹈矩。因此，必须允许员工进行创新。必须调整结构，发扬"创新"的企业文化，给予他们足够的自由空间。"创新"是一种能力和技能，也是解决问题的方法和工具。创新就像普通的技术一样，是可以通过不断学习而掌握的。管理者还应鼓励员工勇于实践，一个想法如果不付诸行动，便毫无用处。管理层可以出台激励政策，告诉员工，如果他们的想法被公司采用，会给他们什么样的奖励。这样的激励措施是"行动"的必要动力。

我想去哪里（愿景）

我们首先谈谈"愿景"这个词。"有愿景的人都应该去看医生。"这句话出自德国前总理赫尔穆特·施密特。不，这句话是错误的！恰恰相反，如果你没有愿景，才应该去看医生。这句话适用于我们个人、公司的各个部门和团队。

愿景描述了一群人或一个组织想要实现的共同理想。它是"想要"实现某事，想要实现进一步的发展、改进甚至是突破性变化的愿望。

愿景是在"突破"阶段前进的真正动力。然而，很多公司将愿景与目标混为一谈。它们的愿景是"希望销售额能够翻倍"或"希望将收益率提高到××"。这些都是具体的目标，而不是愿景。与目标相比，愿景更加主观，更加情绪化。它可以唤醒人们的梦想和渴望。

弗朗茨的愿景

从孩提时代起，弗朗茨就对父母的面包店充满了热爱。新鲜面包的甜美气味悄悄地从厨房中散发出来，还有香甜的蛋糕和美味的点心。他们家几十年来一直是特格尔恩湖最好的面包店之一，他为家里甜品店的工艺感到自豪。每当他父亲尝试新食谱并被顾客接受时，他就感到特别兴奋。于是，这就成了他的愿景：他要成为特格尔恩湖最好的面包师，并不断用各种各样的面包给他的顾客带来惊喜。

因此，弗朗茨明确地将他的面包店定位为特格尔恩湖畔的客户价值引领者，为顾客提供美味的食物、健康的原材料、整洁的环境和周到的服务。顾客不仅在购买和品尝食物时感到舒心,而且对面包店里各种各样的美食赞不绝口。弗朗茨想要有所成就。"愿景"驱使他追求更高的目标,并为此不断地创新求变。

> **米娅的愿景**
>
> 几年前,米娅的公司草创,其初衷是引领她的客户购买更环保、更时尚的服装。"环保"不仅意味着生态上的环保,还意味着对所有商业伙伴的"公平"。她希望将自己的公司与在亚洲部分地区使用童工以降低生产成本的时装公司区分开来。对她来说,"公平的价格"意味着她要"公平地"支付货款给供应商和商业伙伴,"公平地"支付工资给她的员工。每个人都应该获得应得的报酬。

愿景不仅常常被认作是目标,还会经常与使命的概念混淆。通常来说,愿景强调人在情感层面的价值取向,而使命则明确地表明了公司存在的目的。使命也就是公司的任务。两者的区别还在于目标对象的不同:愿景主要是为了凝聚公司背后的团队,而使命更多地针对客户、供应商和股东。

弗朗茨的使命

弗朗茨的使命是：为人们提供高品质且价格实惠的烘焙食品，每天早上准时让客户品尝到新鲜的早餐。

如何确立自己的愿景？如何才能确定自己的愿景是脚踏实地的而不是空中楼阁？愿景主要由以下三个要素组成：核心能力、工作热情和客户需求，如图 3-2 所示。

每个人都拥有其他人不具备的优势，比如掌握特殊的工作技巧、（地理上）接近客户或是具有某些社交技能等。拥有这些优势的人就可以在自己特别擅长的领域中大放异彩。"不要轻易涉足未知领域"，应该在擅长的领域中确立自己的愿景。

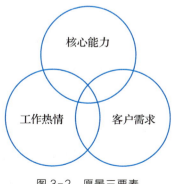

图 3-2 愿景三要素

危机曲线
如何跨越危机实现持续增长

米娅的能力

米娅和她的创业公司在很多领域都是出类拔萃的。米娅的个人生活有些混乱，但是作为一名服装设计师，她有很多新奇的想法。作为一名公司创始人，她也有成熟的理念和目标。当然，米娅并不孤单：她手下还有一位兼职裁缝和一位经验丰富的老师傅，可以独立制作高质量的复杂服饰。

愿景与梦想和愿望有关。因此，应该在那些我们所热爱的领域中寻找自己的愿景。如果弗朗茨作为面包师对烘焙食品没有热情，卡斯滕作为电子行业的从业者对电子和机械没有迷恋，或者安娜对她的消费品领域完全不感兴趣，那么他们在这些领域中终将一事无成，永远不会在成本或客户方面取得领先！人类是感情动物。激情与我们的情感有很大关系。只有富有激情才能做好事业，才能有所成就。

愿景三要素的第三个领域是客户需求。如果没有客户需求，愿景又会给我们带来什么呢？如果没有客户愿意掏钱，我们为什么还要继续生产和销售呢？许多初创企业发现他们的"创意"并未受到客户的欢迎，也没有客户愿意为它们买单后，就试图放弃了。但要注意的是：需求是可以"创造"的。许多有远见的价值引领者会对之前（或多或少）未知的市场进行开拓，比如苹果的平板电脑、红牛的功能饮料或特斯拉的电动汽车等。

新的咒语："商业模式"

为了实现愿景，我们需要建立一个明确的商业模式。接下来，我们要了解一下什么是"商业模式"。商业模式可以用来解释公司为何会陷入慢性危机。在一些商业模式不完善的公司中，还有可能会产生突发危机。换句话说：大多数的企业危机都是自作自受！在前文我们将突发危机称为"黑天鹅"——比如自然灾害、流行病或战争等——在这种情况下，公司几乎无法全身而退。然而，突发危机往往会对那些商业模式脆弱的公司造成比较沉重的打击。而慢性危机通常只会影响公司本身，对其周围环境几乎没有影响，这时公司的商业模式无疑是罪魁祸首。但商业模式之所以如此脆弱与客户、技术、生产流程、盈利能力，以及组织和员工有很大的关系。

之前提到的"愿景"描述了对未来的展望，而商业模式则解决了"如何实现这一愿景"的实际问题。商业模式主要包括以下三个方面：

1. 价值主张

2. 产品服务

3. 收益模式

商业模式不仅仅是公司服务范围的介绍（即产品或服务介绍）。首先，它提供了有关公司通过其产品和服务为买家和用户创造的所有附加值服务的信息。至于如何从用户角度出发解决不同的问题，我们将在产品创新的背景下更详细地进行介绍。

其次，商业模式还解释了产品的架构，直接描述了生产产品或提供服务的具体流程。公司需要哪些内部和外部流程、结构和资源才能生产出符合上述"价值主张"的产品？商业模式不仅列出了产品需求，还检验了生产的可行性及效率。

最后，商业模式描述了公司的盈利方式，也叫收益模型（价值获取模型），目的是使企业在提供商品的过程中也能获利。其中包括对收益机制的描述，比如定价、薪酬结构和支付方式等内容。

近年来，大家通过各种方式研究当前社会各大公司的商业模式并就未来可能出现的商业模式展开讨论，也或多或少地研究过各个领域商业模式的基本框架（也称为"Canvas"，即"商业模式画布"）及其各自的特征。具体来说，它主要包括价值主张、客户群体、客户关系、核心活动、核心资源、客户群体（所谓的利益相关者）以及成本结构和收入来源等各项因素。

这里所提到的"商业模式"是基于亚历山大·奥斯特瓦尔德（Alexander Osterwalder）著名的"商业模式画布"理论之上的（图3-3），并在实践过程中进行了适当的改动。

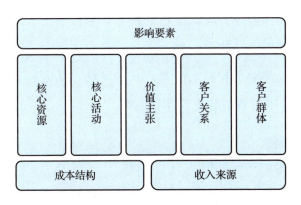

图 3-3　商业模式画布

我们首先来总结一下该模式的内涵，然后再对其进行详细解释说明。"商业模式画布"的主要目标是对影响公司或业务成功的因素进行分析，探究如何对这些影响因素进行进一步改进。它将创新的机遇摆在了我们面前，让我们可以直接拿来进行讨论和研究。

"商业模式画布"一般是从价值主张开始。提到价值主张,必须考虑客户群体以及公司与客户之间的关系。其中,客户关系包括销售、销售合作伙伴(贸易伙伴、中间人等)、广告和活动(比如交易会、开放日等)。因此,该模型的右半部分是公司向主要客户群体提供的服务范围。

"商业模式画布"的左半部分则是服务于产品的价值定位。首先是核心活动,即开发新产品、激励员工和降低成本的具体措施;其次是核心资源,包括员工、财务、知识产权和生产设施等方面。通过"商业模式画布"的各个方面可以帮助企业制定应对危机的策略,从而走出低谷迎来突破。下面将对其进行详细说明。

我的市场在哪里

市场在"愿景三要素"中发挥了重要作用。而"商业模式画布"的右半部分主要关注的也是客户及公司的市场。首先,我们一般认为市场是供应商(弗朗茨、安娜、卡斯滕和米娅)与需求者(客户)会面的地方。其次,市场中还有其他人群存在,他们都可能对公司产生积极或消极影响。专业人士称这些人群或影响力为"利益相关者"。客户和利益相关者的目标各不相同,因此我们需要仔细研究市场中的三个方面:客户、影响要素和环境。

03 创新

我们真的了解客户和他们的需求吗

像弗朗茨的面包店这样的老牌小型企业自然熟悉他们的每一个客户。几十年来，弗朗茨和他的父母一直在为周围的人提供烘焙食品，也见证过顾客们的生老病死。店铺的员工都来自当地，也和弗朗茨本人一样，有的会与其他顾客一起在俱乐部活动，有的会在柜台与顾客聊很多家长里短的话题。换句话说，你了解你的客户，客户也了解你。

但这还不够！首先，客户的需求比他们能够表达出来的需求要多得多。比如，他们从来不会告诉我们他们会根据价格来采购商品。他们不可能每天都负担得起高质量的商品，也许只有在周末才能买上一两次。而且，客户也并不了解自己还有其他需求。比如，在几年或几十年前，我们中有许多人都不知道我们其实非常需要平板电脑、流媒体服务或功能饮料之类的产品，因为以前我们可以用电脑、电视和咖啡来代替这些东西。只有了解这些，我们才能找到新的客户。其次，除了现有客户外，往往还有其他潜在的客户群体是我们可以接触到的。在业务进展顺利的时候，我们总是忽略了这些客户群体。我们已经有了足够多的固定客户，自然不会跳出框框思考问题。

我们首先分析一下现有的客户群体，如图3-4所示，在下一章再继续寻找潜在的新客户。根据日本人狩野纪昭

（Noriaki Kano）提出的"KANO 模型"，我们在管理和市场营销中将客户需求分为三种：基本型需求、意愿型需求和兴奋型需求。需要注意的是：客户的满意度往往不会由于产品的某些"必备"的属性或者商家提供的某些基本服务而提升，但是如果企业提供给客户一些完全出乎意料的产品属性或服务，则会使客户产生惊喜，提升客户的满意度。

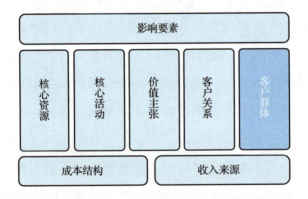

图 3-4 "商业模式画布"之"客户群体"

面包店客户的三种需求

弗朗茨深知，对于烘焙食品来说，硬度、重量和易消化等基本条件是必不可少的。如果缺少其中一项必会招致不满。反过来，如果全部具备也不会再赢得更多客户的青睐。与这些基本条件相比，客户更看重口味、新鲜度、

03 创新

香味和价格等附加因素,这些附加因素才会让客户满意。此外,只有意料之外的惊喜,比如特殊的口味、产品创新、送货上门服务或店内早晨的问候,才能唤起客户强烈的情感。这才是弗朗茨和他的面包店"客户至上"策略的基础。

客户不一定期望得到这些"意外惊喜",但它们的存在加深了客户对产品的需求以及客户与供应商之间的联系。

目前,取得成功的公司往往过于关注基本型需求和意愿型需求。他们忽略了这样一个事实,即他们的客户还有其他无法表达出来的需求。只有当竞争对手满足了客户这些需求的时候,他们才后知后觉,但为时已晚。

还有哪些人会影响我们的成功

除了客户之外,其他市场参与者也可以对公司产生重要影响,如图3-5所示。我们将所有与公司的成败息息相关的人群称为"利益相关者"。这些群体包括供应商、商业伙伴、国家机关、银行、媒体、竞争对手,还有最重要的是员工。

各类要素会给公司带来不同的影响:员工会有自己的想法;客户直接向公司表达他们的愿望,有时还会改变他们的诉求;客户为公司提出新的改进方法;顾问提出新的问题并寻找解决途径;广告公司有新的创意;政府部门

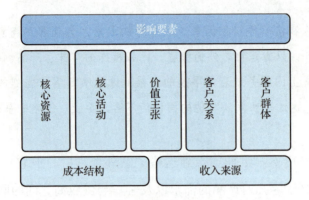

图 3-5 "商业模式画布"之"影响要素"

要求公司采用新的生产流程；劳动力市场促使公司改进结构和企业文化；银行要求公司进行生产改革以及更有效的流动资金管理；邻居常常投诉企业污染；供应商也常常会向公司推荐新产品，这些新产品要么源于他们自己的想法，要么是应其他客户的要求开发的。

> **卡斯滕的"利益相关者"**
>
> 卡斯滕与当地工商业联合会（IHK）联系紧密，并在其帮助下进行了公司裁员。工商业联合会的专家在具体事项和法律规定方面向卡斯滕的团队提供了不少建议，这些对卡斯滕的公司帮助很大。

还有另一群人也会对公司的成败造成重大影响：我们的竞争对手。这里所说的不仅仅是直接竞争对手；以弗朗

03 创新

茨为例,他的竞争对手不仅是特格尔恩湖周围的其他面包店,还包括面包折扣店、出售面包制成品的超市以及可以在家烤制的半成品面包。竞争远远比想象中激烈得多。此外,还有所谓的替代品,比如早餐用混合麦片或燕麦片来代替烘焙食品,这就意味着燕麦片也是烘焙食品的竞品。甚至更极端的是:在新冠肺炎疫情期间,我们更多采用"视频会议"而不再搭乘火车、汽车或飞机出差。所以 Skype、Teams 和 Zoom 也是汉莎航空和大众汽车的竞争对手。最重要的是如何最终解决客户的问题以及如何最大程度实现客户的利益。

哪些趋势会对我们的公司产生影响

一家公司并非孤立存在于市场上。除了上面提到的客户因素之外,还有其他因素同样影响着公司的经营。比如,有一种外部力量会对公司产生重大影响:那就是"趋势"!

"趋势"一词被描述为在一定时期内可以观察到的或可以从数据中体现出来的发展动向。这种发展动向可能对公司的未来产生积极或消极的影响。换句话说,在某些趋势中,我们可能会找到破局的着眼点,从企业危机中突破(即突破阶段),取得新的成功。比如,技术方面的数字化趋势,经济方面的降息利好,还有政策法规方面的消费者保护等。趋势不仅提供了机遇,也为未来的竞争带来了风险。

有的趋势会给企业的商业模式带来消极影响。在新趋势中，这类企业的商业模式被认为是"有毒"的。比如，公司不及时采取对策，将（再次）陷入危机之中。比如，数字化趋势导致供应商和终端客户之间的联系越来越紧密，不再需要中间商进行沟通。因此，这种商业模式对于经销商来说就是"有毒"的。随着新的数据传输数字协议的发展，在未来的支付交易和资金经纪（融资）中，银行的作用越来越小。那么，这种模式对于银行来说就是"有毒"的。

更重要的是，要时时刻刻关注着趋势的发展，这样不仅能够确保不被趋势淹没，还可以将其作为自己的商业模式发展的契机。换句话说，要想在危机曲线的第三阶段成功突围，就应该在当前的趋势中为自己的公司寻找突破的机会，然后顺势而为，取得成功。

最为简单且有效的趋势分析方法就是 PESTEL 分析模型，如图 3-6 所示。它根据趋势研究了六个因素，即政治、经济、社会、技术、环境和法律因素。"PESTEL"这个名字来源于这六大因素的英文首字母。我们上文提到的"商业模式画布"也包含在这六大因素中，它们代表着巨大的机遇，但也是每种商业模式的风险所在。

比如，政治因素包括英国脱欧、政治两极分化、部分

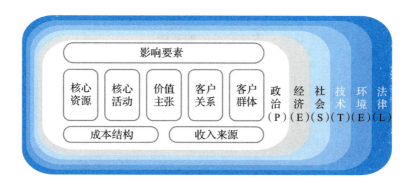

图 3-6　PESTEL 分析模型

自由贸易协定的取消或难民政策等。经济因素包括持续性的低利率金融危机、破产企业数量增加、新冠肺炎疫情期间的员工争夺战和缩短工时等。社会因素包括农村劳动力外流、人口老龄化趋势或从婴儿潮一代到 Y 一代⊖的不同需求等问题。提起技术因素,首先想到的就是数字化趋势,但是除了数字技术外,医学、电气或交通技术的飞速发展也会对我们的生活产生巨大的影响。环境因素除了能源转型趋势外,还包括我们当前面临的能源瓶颈。而法律因素则包括数据保护、职业安全和消费者保护等问题,这些问题都会对公司和个人产生重大影响。

⊖ Y 一代:美国将 1983 年到 1995 年出生的人称作"Y 一代"。
"Y 一代"成长于网络时代,视野更全球化,思维更活跃,关注领域更加多样,环保主义、社会责任、公民权利等主题成为他们的主要诉求。

危机曲线
如何跨越危机实现持续增长

> **经济趋势：零售行业的购买权**
>
> 安娜和她的团队在德国拥有十几个贸易伙伴。通过这些贸易伙伴，他们可以将自己的产品销售给最终客户。客户的高度集中意味着少量的买家便能够决定商品的种类和价格。这种情况会导致公司过度依赖固定客户以及产品价格下降等问题，尤其是当产品并不具备"不可替代性"时，公司即会陷入"可比性泥潭"之中。

新客户，新产品

客户总是希望能够收获惊喜。我们可以通过不断优化产业结构，降低成本，以优惠的价格给他们带来惊喜，以此获得丰厚的回报。还可以在不断提高产品品质的同时提升服务质量，让客户愿意为此慷慨解囊。以前我们提出的广告口号"节俭就是胜利"现在看来是完全错误的。客户希望收获的是惊喜和宠爱。他们愿意为良好的产品质量和优质的服务买单。此外，还有其他一些以前没有接触过的客户群体，他们也会爱上我们的公司。在本章中，我们将讨论新老客户以及新旧产品带来的影响。

必须让客户爱上我们

实施"成本领先战略"的企业主要靠低价销售他们的

产品和服务,而实施"客户领先战略"的企业通过良好的客户体验及密切的情感纽带将客户与企业紧密联系在一起。专家将客户对供应商的所有体验的总和称为"客户体验"。如果这种体验是良好的,则会在提升客户黏性的同时降低他们对价格的敏感度。

客户对公司提供的优质服务"情有独钟"。良好的客户体验源于商家为客户提供的附加值服务。它始终与企业的价值主张有关(图3-7)。只有那些可以为客户额外提供附加值服务的商家才能留住客户。但是,一旦竞争对手提供了同样的好处,这种附加值服务就会失去作用。因此,突破和增长的阶段完全取决于企业独一无二的价值主张。如果客户相信,他们可能会以更高的价格购买,公司就会从"可比性泥潭"和低谷中挣脱出来。如果商家的价值主张没有任何说服力,那么情况不仅不会有任何改变,甚至还会变得更糟。

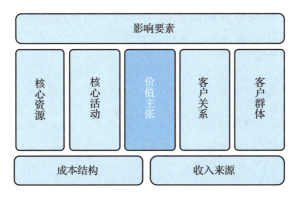

图3-7 "商业模式画布"之"价值主张"

危机曲线
如何跨越危机实现持续增长

价值主张是指公司的产品为客户创造的附加价值。它不仅包括产品本身的功能属性,比如,弗朗茨的面包和蛋糕、米娅的纺织品、卡斯滕的电子产品或安娜的消费品的质量。它还包括与产品有关的所有服务。因为在这个时代,企业已经围绕着产品开发出了越来越多的服务,所以最终只有将产品与服务看成一个整体才能为客户创造价值。价值主张与附加价值主要包括以下四个方面内容:

- 售前服务(导购、介绍、定制、预订)
- 售中服务(运输、安装、贷款、租赁)
- 使用服务(功能/味道、效果/健康无害、用户体验、使用指导、维护、保修服务)
- 售后服务(升级更新、追加订单、回收、处理、后续产品)

以上四项服务涵盖了用户在购买和使用产品时的各种情况,其中要解决的核心问题是:

- 谁(哪位客户)
- 想要(哪种情况)
- 什么(哪种功能)
- 为什么(核心问题)

03 创新

专业人士将这四个核心问题称为"用户故事（User-Story）"。它描述了用户购买或使用产品/服务的时间和原因，以及使用情况（时间、地点、人群）和使用范围（满足怎样的需求、具体用途等）。比如，颠覆性创新的伟大思想领袖、哈佛商学院的克莱顿·克里斯滕森（Clayton Christensen）发现，在美国购买和消费奶昔通常只是为了给上班路上枯燥的旅途增添一些乐趣。因此，最好的改进方式不是改良口味或降低价格，而是对包装（承载能力、清洁度、冷却等）或服务（免下车、预购等）进行改进，这样才能为顾客带来更好的体验。

安娜：当前产品的价值定位

为了开发公司目前正在经营的产品的价值定位，安娜和她的团队使用了"联想分类记忆法"：一位同事默默地从A数到Z，当另一位同事说出"停止"的时候，根据第一位同事默念的字母作为首字母来进行联想。当念到字母B的时候，团队会围绕字母B来讨论他们的产品创造的附加值，可能是便利性（Bequemlichkeit）、指导（Beratung）、可靠性（Bewährtheit）和支付方式多样性（Bezahlmöglichkeit）。轮到字母E时就是有效性（Effektivität）、效率（Effizienz）、简便（Einfachheit）、独特性（Einzigartigkeit）、处理（Entsorgung）、经验（Erfahrung）、易操作（Erleichterung）或便捷度（Erreichbarkeit）。

为老客户提供新产品

一般来说，我们将"产品创新"定义为将更新换代后满足消费者的潜在需求并受到消费者欢迎的产品商业化。这种"创新"不一定是开发出全新的产品。在拉丁语词源中，创新（innovation）这个词不仅意味着"更新"，还意味"加入新的元素"。因此"产品创新"也可以指进一步研发或重新采用原始工艺。

然而，这种定义方式往往与其他解释相矛盾，有些解释总是将"产品创新"描述为全新的事物。采用新产品、新工艺、新形式、新销售渠道或新广告宣传——在这里"新"这个字常常被放在首位。但是，这样的想法并不完全正确。创新也可以重新采用以前的办法，而这种办法在当前的局势下也可能给我们带来成功。最重要的是，产品的更新换代能够给客户带来新的好处，并且这种好处也会带来一定的经济效益。因为只有最终成功实施了的想法才能被称为"创新"。

我们不仅要在商品本身（产品、配件、软件和硬件等）方面有所创新，在服务和商业模式画布中提到的盈利模式方面也要不断进步。后面我们会对这些方面进行详细论述。此外，还要在流程、整个商业模式、市场和组织方面有所改进。

产品创新：产品创新不一定非要轰动一时或者是具有

开创性的。有句话叫"每次改革都可能会失败,但也会为成功积累经验",正是这一点一滴的积累,才能让产品不断地更新,变得越来越好。

产品的改进不仅要依靠研发人员的不懈努力,也要听取与产品和客户直接接触的工作人员(生产、销售、营销或服务人员)的建议。他们中有的人在制造和使用产品方面有着丰富的经验,有的人直接与购买者和用户进行接触。因此,只要听取他们的意见,就可以不断收获大大小小的改进建议。然而,并不是每一个建议都有实施的必要,只有那些能吸引顾客购买的建议才对公司有利。

每次改革都可能会失败,但也会为成功积累经验

作为一名电气工程师出身的企业负责人,卡斯滕一直在公司各个领域大力推进产品技术革新,不断开发新的技术专利,让他们的公司始终保持竞争力。然而,就算这样公司还是失去了客户。这是为什么呢?实际上,公司一方面要从技术上对产品不断改进,另一方面则是要研发出客户真正感兴趣的产品!

这就是我们所说的要寻找客户的"痛点(Painspotting)"。也就是说,与其尽力满足客户的每一项需求,没有任何侧重点,倒不如专门解决那些给客户带来不便或"痛苦"

的问题。这些未得到满足或没有完全得到满足的需求通常会让客户变得特别情绪化。他们更愿意为解决这样的问题付费。

> **米娅的新"服装"**
>
> 在新冠肺炎疫情期间，什么问题让米娅的客户大为困扰？他们可以用T恤来表明自己"环保"的态度，但是口罩怎么办呢？口罩的用料与服装类似。米娅一开始没有注意到这个问题。但现在，米娅的公司除了出售环保T恤外，还会售卖环保口罩。

关于"痛点"最主要问题是：哪些当前需求没有得到满足或仅部分得到满足？客户经常对哪些产品或服务感到不满？有哪些私人的、专业的、技术的、社会的、经济的问题正困扰着我们的客户？谁解决不了自己的问题而需要帮助？一家企业怎样才能让客户的日常生活变得更轻松？现在哪些事情让我们的客户最为愤怒和沮丧？了解了这些问题，我们很快就可以把产品和服务结合在一起。

服务工作：一家公司的产品不仅包括实物本身，还包括与产品有关的全部服务。在当今社会，正是这些服务解决了客户的问题并为他们带来一定的附加价值。因此，产品创新也可以在服务方面找到突破口。

为面包店的顾客提供全新的服务

在找到顾客们的"痛点"之后,弗朗茨和店员们决定在"送货上门服务"方面做一做文章。这几天,他们开始为顾客提供周末送货上门服务,这样,顾客们就可以在家里享受美味的早餐了。当然,这项服务并不是免费的,每次需要支付2欧元。送货上门服务需要至少提前三天预定,最远路程不超过一小时。弗朗茨可以把多位顾客的订单放到一起,一次性送货,这样可以节约运输成本。他准备先从周末开始积累经验,了解哪些顾客(按地点、年龄、订单数量区分)对送货上门服务感兴趣,以便后续提供更加优质的服务。

与产品有关的售后服务主要包括规划和建议、包装、维护、测试和指导、运输、安装、投诉受理、更新、备件供应、改装及加装、回收处理以及贷款服务等。与产品无关的服务包括免费停车、儿童看管、客户接送、提供免费杂志或者特殊的客户活动(比如开放日、工厂参观、客户旅行)等。

新的付费模式:如前文所述,商业模式不仅包括产品和服务,还包括产品的生产以及销售获得的利润。其中,利润不仅指收入与成本的关系,还包括收入的类别。这里所说的盈利模式，主要指公司赚钱的渠道。当然，在现代商业模式中，不仅可以简单地将商品进行出售，还可以以出租的形式将产品提供给客户，比如订阅等。

收入模式的创新可以给整个行业带来翻天覆地的变化，如图 3-8 所示。以前，人们购买唱片和磁带来听音乐，后来又出现了 CD。但是在千禧年到来之际，曾经利润丰厚的音乐产业经历了一场重大危机：越来越多的人在互联网上下载免费的音乐。这种违法行为直接导致音乐公司和音乐人的收益急剧下降。后来，苹果公司与 iTunes 的出现彻底扭转了这个局面：客户可以以 0.99 欧元/首的价格合法购买歌曲，而无需购买整张 CD，因为 CD 里面有很多他们不想听的歌。这一举措让很多人重新购买正版音乐，音乐行业开始全面复苏。此后流媒体音乐服务平台 Spotify 的订阅服务模式更是加快了这一进程。

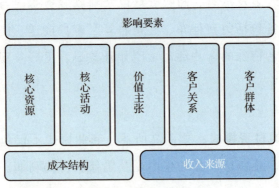

图 3-8 "商业模式画布"之"收入来源"

这种"订阅模式"是当今的网络世界中非常流行的一种收入模式。就像过去的日报或周刊一样，现在人们可以按月购买应用软件（比如 Microsoft 365 或 Salesforce）、电视频道或咖啡机的使用权。

其他付费模式包括按物品使用付费；低价销售一款设备，通过重复销售相对高价的耗材盈利；拍卖（比如在 eBay 上）；第三方参与经营（授权或加盟）以及通过免费提供（线上）产品进行流量变现（隐性收入）等。

安娜：两部定价法

安娜的团队与产品开发和市场营销部门的同事一起展开了头脑风暴，他们正在思考公司是否采用和奈斯派索（Nespresso）公司类似的方式来销售他们的产品。毕竟奈斯派索公司的产品价格亲民，顾客也都想试着用用他们的咖啡机。虽然与普通的胶囊咖啡相比，他们的胶囊要更贵一些，但显然许多顾客并不在意这点钱。

这种销售方式在专业领域被称为"Razor-and-Blade"，即剃须刀和刀片。它主要指的是吉列公司的剃须刀，这种剃须刀的价格比较便宜，但消费者不得不自掏腰包更换昂贵的刀片。同样，电脑打印机的制造商也是这样盈利的，他们低价出售打印机器，并给机器配上了昂贵的墨盒。而电脑游戏制造商开发的应用程序一般都是免费的，他们主要通过游戏内嵌的购买项目来赚钱。

> **卡斯滕：电动机的使用费**
>
> 卡斯滕的公司主要生产各种电子初级产品和终端产品。终端产品之一是停车场护栏的电动机。现在公司不需要客户直接投入大量资金来购买电动机，而是在每次打开和关闭护栏时，都会产生少量使用费用（按使用计费）。

这种按使用计费的模式在我们的生活中非常常见。比如，从网络图书馆借书、为苏打水充气瓶换气或使用云空间备份文件。现在说回到卡斯滕的电动机：得益于现代传感器技术、现代 IT 协议（比如区块链）和数字网络的发展，这种模式源源不断地出现。随着数字化的不断推进，这方面的例子肯定会越来越多。你可以在马库斯·迪赛尔坎普的《数字化大趋势：公司的未来》一书中找到有关数字技术和新商业模式的更多建议。

把旧产品卖给新客户

许多公司都犯了同样的错误：他们只维护老客户，不开发新客户。不要把市场限制在小小的范围内！因为还有其他客户群体也对公司的产品和服务感兴趣。但也许你还不了解他们，又或者是你忽视了他们的存在。

所谓"把旧产品卖给新客户"主要指的是要开拓新市场。这听起来很复杂、花销靡费且风险巨大。一个面包师要怎么开拓新市场？安娜只是一名员工，她又不是公司的老板，又怎么能为公司开辟新市场？然而，这并不是天方夜谭，也没有那么大的风险和那么高的成本。以下问题可以帮助我们为现有的产品和服务寻找新市场：

1. 新的行业：哪些行业与我们现有客户有类似的需求？我们可以给他们提供服务吗？
2. 新的买家群体：我们的服务和核心竞争力还与哪些买家群体的需求相符？
3. 新的销售渠道：还可以通过哪些渠道（比如零售、网络、市场）来销售自己的商品？
4. 新的销售区域：还有哪些地区（比如州、国家、区域、地点）可能对我们的产品和服务感兴趣？
5. 体验：客户对我们的产品体验有哪些不同点？
6. 趋势：哪些大环境对我们的产品销售有利，有助于开发新市场？

危机曲线
如何跨越危机实现持续增长

> **弗朗茨：烘焙食品的新买家**
>
> 弗朗茨通过他的烘焙食品和新开设的送货服务接触到了新的客户。那些没有食堂的公司对于弗朗茨的到来感到非常高兴，员工可以把烘焙食品当成第二份早餐或者午餐。新鲜出炉的食品和小吃大大提高了团队的士气，也节省了外出购物的时间。

新的买家或目标群体为公司提供了新市场来出售其现有产品及服务。其中，有的市场对商品的价格并不那么敏感。此外，通过新的行业、环境、体验和销售渠道也可以接触到新客户。

> **米娅的新销售渠道**
>
> 目前，米娅主要通过柏林的几家时装店销售她的产品。她和这几家店的店长私交甚笃，他们拥有共同的理想和信念。但是，这些商店在新冠肺炎疫情期间都不得不关门。于是问题出现了，作为网络时代的创业者，米娅为什么不使用互联网作为销售渠道呢？当然，还需要有人来帮助她。就像那些服装店的店主，他们让她有机会接触最终客户。现在米娅在社交媒体上也需要有人来帮忙，让更多的潜在客户通过互联网了解她的产品。

03 创新

为新客户提供新产品

如果能够将新产品和新市场两个因素结合起来，那么就可以获得更多的机会走出低谷，解决产品的"可比性"问题。早在1957年，哈里·伊戈尔·安索夫（Harry Igor Ansoff）就在他的《战略管理》一书中呼吁公司不要在已建立的产品和市场里故步自封。而是应该不断研发新产品、开拓新市场，并把二者有机地结合在一起，作为一种多元化增长战略。

安索夫对三种类型的多元化进行了区分：横向多元化、纵向多元化和非相关多元化。其中"横向多元化"是指公司扩大服务范围，推出与以往产品类似、价位相近的新产品。比如，运动鞋制造商生产男士正装皮鞋，这就是横向多元化。

> **面包店里的冰淇淋**
>
> 弗朗茨以前曾多次尝试把冰淇淋和蛋糕组合在一起，但是都失败了。不过现在这家面包店已经有了自己的冰淇淋系列，店里也为冰淇淋摆了一个单独的柜台。这多亏了他为学徒雇用的培训师。这位培训师一直对自制冰淇淋情有独钟，现在终于有了用武之地。

我们认为这种经营模式就是横向多元化，虽然"冰淇淋"系列产品与烘焙食品有明显的不同之处。但是，弗朗茨可

> **危机曲线**
> 如何跨越危机实现持续增长

以充分利用后厨的生产能力和柜台的销售能力,用一种新产品吸引了新老顾客光临。

如果说到目前为止,特格尔恩湖附近的冰淇淋店寥寥无几,那么弗朗茨就是在开辟一个新的市场,一片几乎没有任何竞争对手的市场。W. 钱·金(W.Chan Kim)和勒妮·莫博涅(Renée Mauborgne)将这片可能未被触及的市场称为"蓝海",在这里几乎没有竞争,大有可为。相反,"红海"则指的是那些激烈竞争,产品相似度较高的市场。

通过"纵向多元化",公司可以扩展产业链。比如公司可以进入下游的销售领域,建立自己的直营店,也可以进入上游的生产领域,收购原材料供应商。

面包店里的用餐区

在把经营范围扩大到冰淇淋、面包和蛋糕之后,弗朗茨在店里的角落添加了几套桌椅,布置了一个用餐区。这样,顾客就不用站在街上享用早餐或品尝冰淇淋了。然而,要想多元化经营,弗朗茨还需要到工商局办理营业执照。因为要想出售酒精饮料还需要额外办理餐厅的经营许可证。

公司的横向和纵向多元化发展一般都是围绕着其核心竞争力,即"愿景三要素"进行的。而"非相关多元化"

则是指企业进入与原有经营领域基本不相关的全新领域。他们扩大产品及服务范围,涉足了与之前的服务和市场差异性很大的非相关业务。如果一家酒店要开银行,这样的行为就是非相关多元化。这种经营策略只是极特殊情况下的选择。因此,不要在企业经营状况好转之后涉足其他领域,有太多(合理的和不合理的)阻力会对企业造成阻碍。

我们成长的投资人

"商业模式画布"中最左侧的一栏主要描述的是在危机曲线的突破阶段,企业实施增长战略时所需的能力和资源(图3-9)。核心资源主要包括雇员、专业技术、机器还有资金。这里我们主要讨论资金问题,在下一章节主要讨论雇员和他们的能力问题。

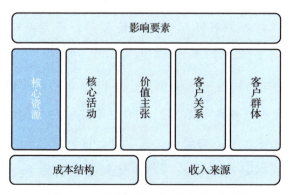

图3-9 "商业模式画布"之"核心资源"

在第二部分中，我们的主要任务是稳定企业的经济状况，重点是提高盈利能力、积累流动资金。它们是任何企业想要生存下去必须要实现的两个重要目标。正因为如此，我们可以通过寻找投资人的方式改进产品，寻找新的市场，进而实现增长。当然，只有在产品和市场真正有潜力且能够长期稳定地带来高收益和资金的情况下，才会有人愿意投资。

投资人，或者说是愿意出钱的人，都希望能够看到良好的盈利前景。无论是银行还是股东提供的贷款、新老股东的注资、客户或供应商贷款，所有的投资人都希望公司能够"证明"自己盈利前景良好，向公司提供资金是值得的。这时，提交一份优秀的商业计划书便可以达到这个目的。商业计划书是指向受众全面展示项目状况，论证原因和可行性的官方文件。比如，建立一个新部门或新公司，投资创新产品、提供新服务、开发新市场或项目等。

当公司的资金或人力资源不足以独立完成项目时，我们就需要制订商业计划书。公司内部使用的商业计划书和针对外部受众（比如股东、监事会、银行或公司买家）的商业计划书是有区别的。商业计划书不仅显示了团队或项目的目标和任务及其财务明细（成本和收入），还阐明了项目组织、结构、资源和融资等各方面安排。除了用于投资决策外,商业计划书还可用于决策记录和责任划分等方面。

一般来说,一份有说服力的商业计划书需要花费大量的时间来制订和修改。但是在危机时期,企业正陷于低谷之中,没有那么多的时间来精雕细琢。因此,为了缩短制订计划书的时间,需要一份模板,以便按部就班地重复使用,如图3-10所示。

图3-10 商业计划书撰写步骤

上图展示了撰写商业计划书的一般流程。在商业计划书的第一部分需要论述启动一项计划(项目或投资)的原因,其重点是项目的主要理念和前景,以及计划的收益、预期的解决方案和(项目成功后的)结果、前期需求和失败可能带来的损失等问题。还可以论述项目未成功启动的后果等内容。

商业计划书的第二部分需要阐述项目的需求和背景,描述经过市场调研后,该项目所面对的内部或外部目标客户、客户的需求和愿望以及预期市场容量。此外,商业计划书还分析了竞争态势,考虑了现有问题的解决方案，并表明了该项目与其他新项目的差异。这里的关键问题是项目是否可以为内部或外部客户带来明显的附加值或收益，以此证明新项目的支出（预算、时间等）是合理的。

根据具体需求可以在商业计划书的第三部分详细阐述项目的解决方案和具体思路。这一部分需要管理者不断地及时修改，因为在项目开始时，分工及工作目标都是相对比较模糊的，随着项目的不断推进，它们会变得越来越清晰和完善。

商业计划书的第四部分分析了项目所需的能力和资源：完成项目需要哪些专业知识、方法和技能？哪些是我们已经具备的？谁可以承担哪些角色和责任？哪些专家和员工是不可或缺的？完成项目需要哪些技术？哪些技术我们已经具备了？项目需要哪些生产要素，比如材料、机器或设施等？哪些服务（自制或购买决策）可以外包？是否对个别内部或外部供应商有极强的依赖性？是否需要（官方）许可或其他保障措施？

商业计划书的第五部分也是最后一部分，主要考虑（项目）投资的财务方面：未来几年可以预期哪些财务收益（销售、成本节约等）？这些预测有哪些依据？成本主要在哪些方面产生？需要多高的成本？何时会达到盈亏平衡点？需要多少资金，公司可以提供多少资金，以及通过何种方式进行融资？

十小时完成商业计划书

商业计划书的制订流程与商业模式画布一致。因此，我们可以用商业模式画布作为检验和审核商业计划书的依据。我们可以在十小时内创作一份商业计划草稿，然后随着时间的推移逐步将它完善。

我们始终以价值主张为出发点，愿景源于我们的核心能力、客户需求和工作热情（"愿景三要素"）。此外，我们还需要考虑到"画布"的整个右半部分，包括客户群体、客户关系，以及各种影响要素和整体趋势等。在短短几个小时内，一个优秀的团队就可以初步达成共识，草拟出一份商业计划书。此时，胜利就在眼前了，商业计划书的拟订有利于进一步讨论商业模式，也有利于加强团队内驱力。

在接下来的几个小时内团队成员需要针对核心活动及资源展开热烈讨论，然后确定必要的支出并对未来的收入渠道进行总体规划。

关于商业模型画布的进一步论述以及其他创新的方法可参见马库斯·迪赛尔坎普的《创新与变革》一书。

增长是否有回报

新的投资人不仅希望能够对商业模式画布的各个细节，包括收入以及必要的支出都有所了解，还需要在每个商业计划的最后对项目进行评估，以便对投资及其盈利前景进行理性考量。

除了对几种投资方案的成本和利润进行比较之外，盈亏平衡分析、摊销分析和盈利能力分析也是非常重要的。

盈亏平衡分析研究的是企业盈利时的销售量、产品单价及成本三个变量之间的关系，即盈亏变化的平衡点问题。代表收入的曲线与代表成本的曲线相交的地方就是从亏损到盈利的过渡。盈亏平衡点表明了新产品获得利润时必须达到的最低销售额。总成本是所有的研发成本、市场投放成本以及生产、物流和管理的所有运行成本的总和。达到平衡点时所需销售量较少的产品比大量销售才能盈利的产品商业前景更好。因此，盈亏平衡分析中的关键问题是：新产品的销售是否可以盈利？或者换一种说法，新产品的销量能否达到盈亏平衡点？

弗朗茨的盈亏平衡点

弗朗茨和税务顾问一起进行了冰淇淋销售的投资评估。他们首先计算了每台冰淇淋机和柜台的投资成本。然后估算了原材料和生产（比如员工、电力）的运行成本以及可能的收入。由于其销量已经超过了盈亏平衡点，因此他们能够通过银行贷款获得资金。

摊销分析主要根据所投资资金流回公司所需的时间来对投资进行评估。研究的主要问题是，企业何时能够收回全部初始成本。回流的资金可通过产品的预期收入与技术改进节省下来的资金的总和减去生产产品的成本以及研究、开发和实施项目的支出计算得出。

在计算盈利能力时，通常会引入"投资回报率（简称ROI）"这一概念来衡量投资项目的收益率。"投资回报率"是指预期利润（税前或税后）与投资或成本的比值。换句话说，如果通过开发新产品或开拓新市场使得销售额增加，那么必须考虑这部分上升的销售额与投入成本之间的关系，进而得出这部分投资的回报率。如果该投资回报率不低于最低收益率，则说明新产品或新市场是有利可图的。许多公司通常为投资项目设定最低收益率。比如，收益率可以为25%，这一数字表明所投入的资本获得了25%的利息，并且最迟在四年后收回本金。

> **卡斯滕两位数的投资回报率**
>
> 为了丰富产品种类，满足客户需求，卡斯滕斥资改进生产技术，提高生产能力。经过仔细的市场调研（其中包括与客户的会谈）后，这项投资有可能获得两位数的回报率。此外，他还征询了审计师的意见。由于总投资额不高且风险可控，卡斯滕和妻子一起通过股东借款的方式为这个项目提供资金。

一马当先——我们的成功故事

在我们对公司进行战略调整之后，接下来就要讨论我们如何齐心协力，将新计划付诸实践，达成我们的目标。我们希望公司能打开新局面，能够再次取得成功。因此，应着眼于整个集体、整个公司，着眼于团队的管理和自我管理。那么，应该怎么做呢？

让我们来看看危机曲线（图 3-11）。我们要牢记的是，创新是在危机中开始的。

到达成功的彼岸

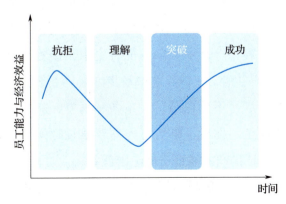

图 3-11 "突破"时期的领导力

危机曲线
如何跨越危机实现持续增长

企业家、中层管理人员和员工不是在同一时刻走出低谷的。在沿着危机曲线前进的过程中，人们有可能会出现中断甚至倒退。

危机曲线的走向

有的时候，一些坏消息或突然发生的意外事件会导致我们踟蹰不前甚至知难而退。突然间，我们发现又一次退回到"震惊"阶段，回归到麻木抗拒状态，甚至被更加极端的情绪所困扰，直到我们第二次走出低谷。危机曲线的四个阶段不一定会按部就班地发生，而是会根据当事人的心理情况以及事件的严重程度随机出现瓶颈或倒退。

我们以新冠肺炎疫情为例。当病毒在德国爆发时，危机曲线尚处于起始阶段，人们一开始震惊排斥，不希望它是真的。随着一批人数超过千人的大型活动接二连三地被取消之后，大家慢慢接受了这一点，并认为事情很快就会迎来转机。但不久之后，就实施了"人际接触禁令"。人们再一次被震惊，又一次陷入低谷之中。接着是口罩强制令，企业难以生存，在低谷之中举步维艰。经济危机、裁员、员工们的生活得不到保障，一条条坏消息、一次次沉重的打击接踵而至。你看，事情可能需要很长时间才能真正迎来转机，那时我们才能真正地走出低谷。

当然，公司、领导、管理层也可能会在突破时期采取必要的人事措施。这也属于危机管理。如前文所述，这时最需要的是清楚地传达消息。

如果员工不再适合留在公司或无法胜任新的任务，又或者如果公司因危机而受到严重削弱，必须进行重组，那么大家也有可能退回到第一阶段。

弗朗茨：告别

弗朗茨目前正在积极地推动面包店的改革。他一方面与母亲开诚布公地交谈：母亲的年龄已经大了，从今往后，她不必一心扑在工作上，再过一年她就可以功成身退了。最开始母亲有一点纠结（重新回到第一阶段），但不久之后她很高兴地接受了，因为面包店的工作很累，她早就想去参加教堂唱诗班了，但是一直没有时间，现在愿望终于可以实现了。

他还解雇了一名无法适应面包店里新变化的女售货员。弗朗茨之前与她谈了几次话，但都无济于事。（《德国解雇保护法》及其特殊保护条款在此并不适用，因为弗朗茨只有8名员工。）他与这名员工促膝长谈，清楚地告知了将她解雇的原因。这名员工经历了"震惊"（进入第一阶段）后，最终接受了现实。弗朗茨非常感谢她为店里做出的贡献，最终双方和平解约，弗朗茨还召集所有同事为她举办了欢送会。

正如危机曲线第三阶段所描述的那样，简单地尝试新事物并不会导致危机曲线的急剧倒退。就如同学习曲线一样：我们在学习过程中不断进步，有时也会出现小幅的倒退，但这种倒退并不足以让我们重回第一阶段。在学习新事物时，这种现象非常正常。一个小孩子在学会跑步之前总会无数次跌倒；小孩子不知疲倦地一次又一次站起来，一步步地取得成功。挫折与倒退也是成功的重要组成部分。小孩子的好奇心大，进取心强，他们动力十足地不断前进，直到达到目标。我们成年后有可能会失去这些品质。因此，我们在突破的过程中需要正确的领导和正确的态度，了解与自己打交道的正确方式。

我们在突破创新时的口号不是"就位、预备、结束"，而是"出发"。下面阐述十条战胜危机的法则以及如何才能取得成功。

十大成功法则

我们的公司在改革过程中需要遵循什么样的原则？我们怎样才能成功地走出低谷并到达成功的巅峰？我们如何调整自己？对于管理者来说，在领导团队和执行的过程中，什么是必不可少的？

这里介绍STAR法则，它共分为四个步骤，通过该法则，你可以逐步实现目标，如图3-12所示。

STAR法则可帮助我们思考如何改革创新，如何实现目标，如何取得成功以及如何为客户带来真正的价值。

03 创新

```
STAR 代表：
第一步：    S（Situation）   ——情境
第二步：    T（Task）        ——任务
第三步：    A（Action）      ——行动
第四步：    R（Result）      ——结果
```

图 3-12 STAR 法则四步骤

在以上四个步骤中我们应该做些什么？每一次变革的过程都各不相同，但是我们可以总结出一些经验，为今后公司的改革提供借鉴。应用十大成功法则，并将其按照 STAR 法则的四个步骤进行分类，就可以清楚地知道在什么时间应该做什么事情，如图 3-13 所示。每当公司提出新的目标时，或者遇到危机时，我们可以将其作为参考。

图 3-13 十大成功法则

第一步：情境——初始情况

法则1：谋定而后动

我们要知道自己在哪些方面需要创新。需要做些什么才能让公司再次走向成功？我们需要考虑到产品和新的客户群体。在企业管理方面需要进行哪些创新，是消除各部门之间的隔阂还是让客户参与产品开发？我们要知道自己的愿景、目标和战略。此外，还需要明确现有的资源和条件，分析计划的可行性和盈利前景。随着时间的推移，事情会一点点露出眉目。因此，我们要不断地对计划进行修改和调整，使其符合我们的预期。

法则2：管理者以身作则

谁来执行新计划？是员工。谁来推动新计划？是管理者。员工密切关注"上面的人"的行为方式。他们对新计划是否胸有成竹？他们是否有整体规划？他们是否愿意付出更大努力，为实现新目标鞠躬尽瘁？公司管理层、领导者本人是否对新的想法和战略深信不疑？当出现问题和冲突时，他们要如何应对？这里体现了他们怎样的态度？公司管理者的任务就是时时刻刻保持清醒，因为新的目标往往会带来一段时期的动荡不安。这段时期，员工与管理者会面对全新的挑战，包括新战略、新结构甚至是新的企业文化，而管理层在这一时期往往扮演着榜样的角色。在突破时期和尝试探索新道路的时候，管理者必须以积极的态度以身作则。

第二步：任务——挑战和目标

法则3：明确的方向

我们已经构建起了一个宏伟的愿景并制定了具体的策略，希望这些策略能够带来新气象，实现我们的目标。管理者可以通过激情的演讲和富有感染力的语言激励他的员工向着目标努力奋斗。我们在此前章节提到的沟通原则同样适用于此。这里管理者可以给员工描绘美好的前景，或者通过隐喻或以讲故事的方式，充分激发员工的参与感和积极性。马丁·路德·金曾经说过："我有一个梦想。"他说的不是"我有一个计划"或者"我有一个噩梦"。如果管理者的演讲富有激情，那么员工很容易被这份激情所感染。他们希望自己所做的事情有意义且能够做出有价值的贡献。对一家以客户为中心的公司而言，树立一个有意义的目标有助于公司的发展。管理者在与员工交流时需要注意：水滴石穿，成功源于思考。就像变革的其他要素一样，我们要将愿景一遍又一遍地灌输给员工，这样他们才能牢牢记在脑海里。通过这种方式，我们可以逐步建立信任，从而对员工产生积极影响。

法则 4：人多力量大

突破进取的精神首先来源于管理层。要让员工从理性和感性层面拥有积极向上的心态。员工必须了解公司的基本情况，从个人的角度出发渴求进步，为公司和个人的利益不断努力。我们必须要告诉他们，创新改革迫在眉睫，不要试图夸大其词或敷衍他们。

当然，不仅要告诉员工改革的紧迫性，更重要的是让他们参与进来。人们只有在认同的情况下才会竭尽全力。因此，不要在方案出台后才"告知"他们，而是让大家尽量参与到方案制定过程中来。大家的参与也需要管理者的监督。有句古话叫"厨子多了煮坏汤"，话语权过于分散往往会导致决策的"难产"。如果你领导一个大型团队，那么有条不紊地沟通协调是一个必备技能。此外，集体讨论需要花费大量时间，这让本就不宽裕的时间进一步减少。但是，如果不讨论，后果可能更加严重，工作进展不顺、事倍功半甚至停滞不前。因此，我们应该站在员工的角度看待问题，看看他们是怎么看待"创新"的。要允许他们犯错误，鼓励他们勇于尝试，这样才能更好地发挥自身才能。要从一开始就考虑到员工对问题的看法、他们的需求和意见。在商业领域中有一种有趣的方法——专家称其为"游戏化"，这种方法不仅有趣，还很有创意。我们可以创造一个学习环境,在没有压力的情况下激励员工,让他们自己产生动力。专家称这种内在动力为"内驱力"。管理咨询公司穆塔雷（Mutaree）的一项研究表明,如果有明确的方向指引,奖励公平且没有失败惩罚,那么新的领域可能会激发人们的兴趣,并让人们纷纷参与其中。

法则 5：寻找志同道合的人

人们对待新事物的态度各不相同,大体可以分为推动者（即积极的支持者）、反对者和无关紧要的人。有些人旗帜鲜明地支持改革,并乐于参与其中,愿意为改革出一份力,积极传播正能量。公司中有哪些人对改革充满热情并且摩拳擦掌准备大干一场？管理层应该齐心协力,一步一步地推广新事物。同时,还要弄清楚哪些人对目标的实现有影响？是积极影响还是消极影响？我们要尊重反对者表达意见的权利,让他们提出自己的观点,而不是在人群中传播负能量或悄悄地进行抵制。此外,要想顺利推进改革,还要取得工会和监事会的支持。

第三步：行动——开始执行

法则 6：适当的速度、快速的成功和新习惯的养成

每个人都希望能够尽快实现目标。当危机袭来时,没有人能置身事外。大家都希望危机能够尽快过去,一切能够恢复平和。但是需要注意的是,处于重大变革过程之中,如果操之过急往往会欲速则不达。管理者应该有意识地关注员工的心理状态，要认真处理他们的压抑、沮丧以及抵触心理。另外，管理者要学会正确对待员工在学习过程中遇到的挫折以及犯下的错误。如果允许他们犯错，那么他们可以很快释怀并继续前进。但是，如果犯错误会遭到批评，无论出于何种原因，他们都可能失去前进的动力。

正确的时机往往与人们的文化水平、拥有的财富和个人心态有关。在做事的过程中，我们也可以适当改变一下速度。有时，也需要停下脚步深呼吸，然后再加快步伐，这样才能一鼓作气取得成功。成功会给人动力，并带来自信。因此，管理者要注意到团队取得的每一个进步，并与团队一起庆祝。当产品初具雏形并通过测试之后，管理者便可以宣布成功，然后再进行下一步研发。这样慢慢地会形成新的习惯，成功也会更快来临。

法则 7：公开透明的沟通文化

在尝试新事物的同时，我们往往会摒弃旧事物。有时熟悉的东西消失了，新的东西尚未形成体系。在这个转型阶段，大家通常会一头雾水，感到无所适从。因此，在这种情况下，开诚布公的沟通尤为重要。真诚造就信任和追随。只有真心的交流才能让大家理解并支持你的决策——这也有助于在变革时期维持稳定。正确的沟通方式能让变革更加快速有效。一般来说，沟通双方应同时充当信息发送者和接收者的角色。而在沟通的过程中，能否让接收者获得正确的信息又是重中之重。因此，为了避免或消除误解，我们需要沟通，沟通，再沟通。

法则 8：直击要害，排除干扰

公司里是否有东西阻碍我们实现目标？凡事皆事出有因，我们要在症结之中寻找问题。你想要做到什么程度？仅仅是头痛医头，脚痛医脚就足够了，还是要从根本上解决整个问题？正如阿尔伯特·爱因斯坦所说，我们不能用创造问题时的思维方式来解决问题。用你敏锐的头脑，仔细思考！如有必要，抛弃冗余的结构和繁杂的工作流程。一旦养成新的习惯，实现目标的道路就畅通无阻了。在这个过程中，我们有时不得不面临痛苦的抉择，比如与员工分道扬镳。

第四步：结果——走向成功

法则 9：以客户利益为中心

许多公司都以自己为中心，没有跳出自己的舒适圈。一段时间以后，这样的公司就会主动创新求变。为什么？如果一家公司一直以来只把注意力放在自己身上，从管理者到员工，每个人都盲目创新，虽然屡败屡战，锲而不舍，但到最后仍然是竹篮打水一场空。这是因为我们盲目地以自我为中心，忽视了为客户创造真正价值的实际目标。前面我们提到要用热情的服务留住客户，那是因为产品差异有时很容易被竞争对手模仿或消除。因此，只有为客户带来真正的利益和附加价值，我们的成本节约、产品优化或内部流程改进才真正有意义。若不以客户的利益为中心，我们很快就会迷失自我，沉浸在自我麻痹之中。

法则10：项目的实施、管控和跟进

我们都是思想上的巨人和行动上的矮子。我们喜欢夸夸其谈，但是一旦落到行动上……有的人一开始的想法很伟大，但在执行的时候往往不知所措，束手束脚。于是，很快就会半途而废，产生挫败感。我们需要进行系统的规划，根据解决问题的方法和目标，采用不同的策略。比如，有的专家提到的"瀑布法"，一开始便将项目划分为不同的阶段，按照时间顺序一个接一个地进行。同时，可以组建项目组实时跟进，及时解决实施过程中遇到的问题。这样有助于信息反馈，以及尽早地发现和解决问题。需要注意的是，在一开始就需要明确任务目标、各任务节点、管控措施以及待办事项。

有时，在进行大型项目前，往往可以先创建一个小型试点项目，这样可以对一个相对复杂的大型项目进行预演，以便项目可以顺利进行。

在创新时需要随机应变的能力。有时我们也要审时度势，灵活地依据市场或客户需求来对项目进行调整。比如，开发、测试、否决、重新开发、再测试等。这就是专家提到的"灵活的"行为方式。这是一种试验性的方法,即完成之后立即检查它是否有效。需要注意的是,对待新项目的态度非常重要,即所谓的"心态"。在实现每个目标之后,需要分析和反思哪些方面做得很好,哪些方面还有进步的空间。

只要你的公司能够将上述十大原则一一付诸实践,那么一定可以取得成功。接下来,我们将对其进行详细说明。

首先,看一看成功的四个要素:组织、团队领导、自我领导和客户,如图3-14所示。

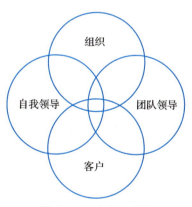

图 3-14 成功四要素

接下来的几个问题非常重要:哪些目标对公司来说意义重大?公司想要成功需要什么样的企业文化?要想生存下去,公司应该如何灵活应变?我们要如何进行突破创新?公司的管理者需要具备什么样的领导风格?如何进行自我

危机曲线
如何跨越危机实现持续增长

管理？我们在团队中应该注意什么？我们如何激励我们的员工，如何增强其责任感和自我管理能力？最重要的是：如何赢得客户的青睐？如何为客户创造真正的附加价值？

大局观：我们的企业，我们的文化

你想要改变外部环境吗？你想要在市场上再次取得成功吗？你想要战胜危机吗？那么，请你先审视一下自身，看看你的公司你的企业。如果真的想要成为行业的领头羊，想在产品以及客户方面都处于领先地位，我们需要正确的组织和文化。怎样才能突破自我，怎样才能做得更好？我们为自己设定了哪些目标？我们需要放眼全局，扬长避短，抓住自身优势大做文章。

危机曲线的前两个阶段主要讲的是迅速做出判断并采取措施的方法。因此，危机管理其实是一种"命令与支配"的管理方式，管理者提出要求，员工执行命令。专家称之为"旧时代"管理方式。员工因为管理者强有力的决策而获得安全感。在危机来临时，"上层"做出的决策往往考虑更为周全。比如，"缩短工时"的决策是由管理者提出的，员工没有决策权。还有裁员方面，员工也是无能为力的。

突破自我

如果我们真的想改变企业内部的某些东西，想要重新

03 创新

扬帆起航，那么我们需要向着"新时代"的方向改变：把"我"变成"我们"。必须要找到办法让员工参与其中，为公司的发展出谋献策。因此，除了日常工作之外，创新、人脉、灵活的思考和工作方式也很重要。我们需要知道，在什么时候需要自己来做抉择，哪些事情需要我们监督管控，什么时候需要其他的合作方式。这对企业和管理者来说是一个非常大的挑战。这意味着"稳定"与"灵活""新时代"与"旧时代"之间的平衡，公司以及管理者必须掌握这一技巧。我们在工作中需要"两条腿走路"，高效和灵活两不误。就好像打网球时双手都要同时训练一样，这样我们就能在保证公司高效有序地运转同时，进行大刀阔斧的改革。

如果整个公司齐心协力，员工都认同公司的目标和战略，那么上述第 4 条成功法则提到的义务、参与和团结便能够实现。因此，我们需要统筹兼顾，对整个公司通盘考虑。克劳斯·多普勒（Klaus Doppler）写了很多关于"变革"的文章，他认为需要创设一个所有员工一致认同的愿景。而在实施方面，则需要灵活应变，见机行事。在对待错误和冲突的态度上也需要改变。我们需要建立有效的沟通机制和真实的反馈机制。管理层则需要在"命令"和"指导"之间灵活应变。我们需要培养员工的自我领导能力和责任心。在统筹兼顾的同时，我们还要考虑到客户和供应商，如果可能的话，甚至还应该考虑到竞争对手。我们要努力实现经济效益与社会效益之间的平衡，以及人与自然的平衡。

> **弗朗茨的创新联盟**
>
> 作为战略重新定位的一部分，弗朗茨知道与他人合作及人脉关系是多么重要。他现在定期与银行、冰淇淋店、小商店甚至其他面包店进行交流，了解最新信息和客户需求。他的员工对此也非常认可。通过定期的交流，他们也了解到其他同行在工作中遇到的问题。

强大的愿景会激励员工专注于客户利益。如上文所述，它涵盖了包括核心能力、工作热情和客户需求在内的愿景三要素。这就是所谓的"宏大的变革目标"。

> **米娅的新愿景**
>
> 公司确立了"制作环保口罩"的新业务，还需要建立一个与之相匹配的新愿景。经过全公司集体讨论，集思广益，终于提出了新的愿景：保护每个人。

通过集思广益，我们可以提出愿景，为创新指明道路。

一般来说，愿景是由公司的管理者在顾问的帮助下单独制定的。事实上，最好的办法是了解员工的想法和需求，并想办法将其融入愿景之中。当然，也可以与所有的管理层成员一起完成这项任务，这样会让大家更为紧密地团结在一起。然后要按照第 7 条法则，开诚布公地把公司的愿景、目标和后续任务传达给大家。

我们的一位客户把第 4 条法则（人多力量大）牢记于心。他的公司拥有约 6000 名员工。在一次为期三天的战略研讨会上，他与近 500 名管理人员一起制定了公司的愿景和战略发展方向。每个人都对此充满热情。这标志着公司的发展逐渐成熟起来，体现了公司不仅是由高层做出决策，还愿意让其他人参与决策。

卡斯滕的愿景

卡斯滕是一名个性相当保守的 CEO，他只愿意与他的下属一起创设公司愿景。为此，他特地聘请了一位知名的顾问，他们之前的合作非常愉快。但这次顾问建议他让更多人也参与进来，提前通过电子邮件进行问卷调查。卡斯滕同意了。于是，他们收到了很多反馈，其中的一些想法令他们大受启发。

紧接着在研讨会上，卡斯滕提出了一个问题：公司现在哪些方面存在问题，哪些方面需要改革以及哪些方面还

危机曲线
如何跨越危机实现持续增长

有潜力可挖。他们先确定了公司的优势和长处，然后与员工的反馈进行比较。接着，这位顾问提到了让公司"两条腿走路"的策略，引领公司迈入"新时代"。

接下来便是提出新愿景。新愿景的主要基调是：从组件制造商向整体方案解决商转型。新的愿景创新性地融入了"愿景三要素"，这令卡斯滕大为振奋。新的愿景指明了公司发展的战略方向、具体目标以及实现目标的方式。我们经常看到的是，公司总是围绕他们的产品大做文章，这是可以理解的，因为这些是他们的心血。但是，如果公司以产品为核心实施发展战略，在发展的过程中完全没有考虑到客户的需求，这样做实际上就是囿于自己的一方天地。因为"新时代"正是以客户的利益为核心的时代。

卡斯滕告别过去

顾问所提到的"从产品思维到用户思维"的转变让整个管理层醍醐灌顶。产品是我们的心血，我们当然非常珍惜它。但是，如果只考虑自己的产品，客户就被边缘化了。"我们在这方面一直都很成功，"卡斯滕分辩说。顾问表示同意，但现在时代变了，必须要站在客户的角度思考问题。于是卡斯滕被说服了，他也想尝试一下改变思路。

如果你想尝试新的东西，就必须准备好与旧的东西告别，只有这样我们才能轻装上阵。当然，冰冻三尺非一日之寒，错误的文化也是一步一步积累形成的。据实验表明，错误与创新一样，在它根深蒂固之前，也会有一段混乱无序的时期。这时，对于管理者来说，重要的不是按部就班地工作，而是要改弦更张，引领创新。"命令和监管"的工作风格一旦形成，便会在一定程度上剥夺员工的权利。然而在创新时期，企业需要的是对自己负责、敢于决策和勇于尝试的员工。如果管理者和员工因为怕犯错而没有勇气做决定，那么就不会有创新，也不会有成长。有的人总说："我们不会犯错。"但组织心理学家迈克尔·弗雷斯（Michael Frese）在一个研究项目发现，我们在一个小时之内就会犯四到五个错误。顺便说一句：青霉素和美洲的发现都要"归功于"发现者的一个错误。归根结底，不犯错误就意味着没有新的发现。

当然，错误与错误之间也各不相同。哈佛商学院的领导与管理学教授艾米·埃德蒙森（Amy Edmondson）将错误分成三种不同类型。第一种错误可以通过规范管理来避免。比如，我们可以通过质量监控措施（检查表等）来进行检查（比如，飞行员在飞机起飞前会利用检查表进行安全检查）。第二种是重复性错误，要尽量避免相同的问题反复出现。有时，我们身处陌生复杂的环境，犯错误是不可避免的。这时，我们必须对错误进行分析，并根据结果进行

危机曲线
如何跨越危机实现持续增长

预演,做到未雨绸缪。然而,当公司进入全新的领域时,应该"欢迎"犯错。这种错误便是第三种类型,即"聪明"的错误。通过系统性的实验获取知识,从失败中总结经验教训,这样的失败也是有所裨益的。

错误并不可怕,有时候就是要乐于发现问题,不要讳疾忌医。在不同的文化背景下,每个人对于犯错误的感受各不相同。比如,在德国,我们害怕犯错,因为犯错误通常会受到惩罚。为了消除这种恐惧,我们要敢于面对失败。

卡斯滕的"失败"故事

卡斯滕总会在星期二的下午去公司食堂反省自己的错误。起初,这些错误让他难以启齿,他只能和顾问一起研究商量。在第一次的时候他先提出了一个问题:"是谁让公司取得成功?是我们自己!只有勇于面对失败和错误,我们才能在新的领域取得成功。我也不敢说自己从来没有犯过错误。不过我想在食堂这里坦然面对失败……"

紧接着,事情迎来了一个意想不到的转折。在第二次反省会上,有一批员工敢于直言不讳,坦然承认了自己的错误——坚冰被打破了。公司里很快兴起了自我反省的风潮并建立起了积极面对"错误"的文化。卡斯滕的榜样作用和开诚布公激励大家不断反思自己的问题。

这样的行为在业界被称为"搞砸之夜（Fuck-up-Nights）"，是由美国的创业公司发起的。大家坦然讲述他们的失败故事，并借此消除对错误的恐惧。这些错误也不会让他们受到任何的负面评价。

> **米娅坦然面对失败**
> 米娅是一个不太合群的人，同时又是一个完美主义者。因此，她常常令员工感觉她高高在上，难以接近。但有一次在众人面前，米娅讲述了自己失败的故事。这消除了她与员工之间的隔阂，也让员工们和她走得更近了。

失败是成功之母——我们需要不断地从失败中吸取经验教训，不断地改进，不要被失败带来的消极情绪打倒。这里我们可以使用第7条成功法则"公开透明的沟通文化"。我们经常谈到"反馈"这个词，但实际上很多人并不了解应该如何给他人正确的反馈。反馈并不意味着说："你做得好（或不好）。"这种表达方式其实是对别人行为的评价，其不礼貌程度不亚于用食指指着别人的鼻子。

反馈其实并不是这样的：反馈提供者应该提供自己本人的看法，以供别人参考。反馈应该是对方可以理解并接受的，因此表述必须清晰明确。对事实的描述应该符合客观情况，不要掺杂道德评判或批评谴责，否则对方很容易产生抵触心理和反感情绪。反馈应该是具体的，要告诉对方应该做什么，而不是一概而论（不要说"你总是迟到"）。然后，再告诉对方为什么你无法接受这件事。

一份合格的"反馈"应该仅限于对感知和观察的描述，不要过多地进行评论解释。"有人总是不断地走来走去"这就是一个描述。对于这种行为的一种解释是他的压力很大，或者说他是一个慌慌张张，手足无措的人。如果你想表明这种行为对你产生了影响，那么最好使用"我"这个人称来进行表达。比如"我觉得……"，而不是用"你有……"或"别人／大家应该……"。重要的是，反馈的内容应该是别人力所能及的事情，而不要对无能为力的事情进行反馈。此外，当别人主动向你征求意见时，你提出的反馈才是最有效的。因此，当管理者和员工面对面谈话的时候，应该给予员工绩效、项目、任务方面的反馈。只有当提出的反馈被对方接受时，反馈才有意义。反馈过后要及时跟进，确保反馈的时效性。反馈接收者也要保证情绪稳定，这样才能真正接受反馈。

卡斯滕的反馈机制

在一个研讨会上,卡斯滕体验到了反馈的效果。这种反馈不带有任何攻击倾向,也不是用"你"这个人称进行表达的。比如不说"你做了这个和那个",而是描述"我"的感受:"我观察到……"。研讨会负责人分三个步骤给卡斯滕反馈。

1. 描述"现象":"我注意到当我们谈到'直觉式领导'这个话题时,你经常出言打断,表达反对意见。你认为我们做出的决定应该是理性并且合乎逻辑的,这一点非常重要。"
2. 解释"效果":"在我看来,你更喜欢以数字、数据和事实作为依据,并在纯粹理性的基础上做出决定。这往往意味着你忽略了情感方面的问题。"
3. 表达"愿望":"我希望你在领导过程中将理性和情感两方面结合起来,因为人们在改变自己某些行为习惯的时候往往也需要情感上的动力。"

以上三个步骤称之为"3W 反馈机制"。

然后,顾问问卡斯滕有何感受时,他回答说他没有感到受到攻击。他希望在他的公司中引入这种反馈机制,引导公司迈出崭新的步伐,进一步走向成功。

法则 6 也适用于尚未研发成功的新产品研发。我们对

危机曲线
如何跨越危机实现持续增长

产品进行初步测试,看看它们是否达到了客户的要求。这种初步测试的产品也就是"半成品"。我们要将其与"最小可行产品(MVP)"区分开来。MVP的字面意思是"最小化价值产品"。这一概念出自精益创业方面的专家埃里克·莱斯(Eric Ries)。通过利用这种"半成品",我们可以以最小的投入满足客户的需求并得到客户的反馈,然后继续投入产品的研发过程中去。

> **米娅的第一次成功**
>
> 米娅公司的女裁缝初步缝制出了第一个环保口罩。没有过滤装置,制作工艺也尚未成熟,挂在耳朵上的口罩绳子也不太理想。尽管如此,米娅还是把半成品环保口罩展示给她的朋友们看,并受到了大家的欢迎。
>
> 随后,米娅接受了朋友们提出的建议,生产出了第一批环保口罩。
>
> 米娅和她的3名员工对第一次的成功感到非常高兴,她们继续投入研发设计之中。

如果我们的目标从产品转移到了客户的身上,那么就有必要培养"以客户为中心"的习惯。英国巴斯大学社会心理学教授巴斯·维普兰肯(Bas Verplanken)说过,我们日常行为中有30%到50%的事情不需要经过大脑,而只是例行公事。"习惯"让我们的日常生活变得更轻松,它们减轻了我们大脑的负担。一般来说,"习惯"的出现不过是因为我们的大脑正在寻找减轻工作压力的方法。现在的问题是我们如何利用习惯的力量来帮助公司实现新目标。

习惯是如何产生的?查尔斯·都希格(Charles Duhigg)在《习惯的力量》一书中通过一个简单的"老鼠实验"告诉了我们习惯的成因。老鼠穿过 T 型迷宫后就能获得巧克力奖励。在第一次通过迷宫的时候,老鼠的大脑非常活跃,它们东闻闻西嗅嗅,不断地尝试,最终才能走出迷宫找到巧克力。但是,当这个过程重复了几次之后,它们的大脑就不再那么活跃了。老鼠不再需要思考,因为出去的路径已经记在了它们的大脑中,习惯已经养成。有时候,根据习惯的不同,一个简单暗示就会激发身体自动切换行为模式。这种习惯可能是身体上的,也可能是情感上的,甚至是精神上的本能。

比如说倒车,刚学会开车时我们精神高度集中,后来随着熟练度的增加,就不那么费力了。这说明我们无意识的行动也能达到目的。注意力的转移让我们的大脑松了一口气，开始思考其他事情。有趣的是，我们的大脑在习惯循环期间会休息，但却不会在动作的开始或结束时停止。显然，大脑必须首先识别习惯启动时的常规动作。到最后，它需要知道自己是否得到了奖励，然后才把习惯刻在心底。

另外，习惯是无法消除的，只能用新的习惯代替旧的习惯。在上面的老鼠实验中，如果奖励被放置在其他地方一段时间，然后又放回到同一个地方，同样的模式又出现了，这说明习惯是不会消失的。这也解释了为什么创新总是如此困难。旧的方法和路径残留在我们的脑海中，我们必须培养新的习惯来代替现有的习惯。

有时候，我们可以先培养一些核心习惯，然后再通过这些核心习惯来改变自己的其他不好的习惯。研究人员发现，肥胖患者很难彻底改变自己的生活方式。他们很快就会回归到旧的饮食习惯中去。这是因为他们的期望太高了。只有他们每周都找时间做好自己的饮食规划，才能慢慢获得成功。这份饮食规划随着时间的推移逐渐成为一种习惯，最终影响他们的行动。他们开始吃水果而不再吃零食，慢慢地开始增加运动量。这种"饮食日记"就是一种核心习惯，通过这种核心习惯可以改变自己其他不好的习惯。通过小组对比实验我们可以看出，六个月后，记录"饮食日记"

03 创新

的肥胖患者减轻的重量是另一组的两倍之多。

我们如何利用"习惯"来推动公司的变革和创新呢？每家公司都有固定的行为模式。从公司制度到团队再到个人，都或多或少地存在某些习惯。在公司中，我们称这种个人习惯为"例行公事"。实践表明，如果我们可以找对创新途径，那么"创新求变"比"例行公事"要有效得多。比如，以小组合作的形式（至少两个人）来完成任务，成功的概率就会大大提升。当然，这里对成功的信念是必不可少的，而这种信念会随着合作的加深变得越来越强。

以企业为例，危机就是机遇。它给了我们重新调整企业模式和公司制度的机会。有一家公司的 CEO 准备通过一个新的"核心习惯"来减少工伤，一旦"核心习惯"得以建立，那么其效力一定会扩散开来，产生多米诺骨牌效应。每当发生事故时，区域经理必须在 24 小时内就如何避免事故提出建议，这一任务将直接影响他们的晋升。此外，每个部门都必须安装一个新的通信系统，以便将新的制度传达给经理和员工。这样，公司内部拖沓的办公效率将得到逐步改善，生产成本下降，质量和生产力得到提升。这就是美国铝业公司的故事，该故事出自查尔斯·都希格（Charles Duhigg）《习惯的力量》一书。

> **卡斯滕的新习惯："以客户为中心"**
>
> 管理层的所有成员都认为公司应该"以客户为中心"。这种理念具有深远的影响：理念的转变让卡斯滕的公司放弃了"我们是工程师，我们知道市场需要什么产品"的想法，取而代之的是"以客户为中心"的服务态度。现在，他们非常看重反馈，通过询问客户需求，了解哪些是他们之前没有考虑到的。在这种情况下，公司引入了反馈机制。研发部门需要采用"3W反馈机制"与销售服务中心以及外勤部门进行沟通。该方法也适用于公司中的其他部门。

如果我们想要专注于服务客户，那么就必须知道要做些什么。我们可以像卡斯滕一样从客户那里获得反馈。如果想要知道"如何了解客户的需求"，可以通过"3W反馈机制"从客户那里获得反馈。卡斯滕公司的管理层在会议、谈话和反馈机制方面树立了榜样。大家纷纷出谋划策。此外，还有一些推动者参与其中，推动了整个事情的发展。

养成习惯的方式也叫"习惯回路"（图3-15），大体可以总结如下：首先，需要一个引子（暗示）。每当客户致电时，我们要给予积极、正面的回应并收集客户的反馈。

这里我们可以使用"3W反馈机制"(现象、效果、愿望)。可以在开会的时候让大家事先演练一下。比如,用大家都能理解的语言来解释"3W",管理者也可以参与其中。然后,在与每个客户进行电话沟通的时候进行实践。这样,我们的客户就会非常满意。客户在被主动询问的过程中非常乐于提供反馈。除了满意的客户,销售人员也能在沟通的过程中收获工作的乐趣。从长远来看,这将为我们的销售工作带来积极的影响。同样,我们可以将它作为与员工沟通的切入口。员工的反馈也能进一步完善我们的企业文化。

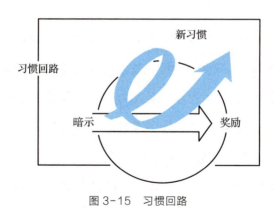

图3-15 习惯回路

如果我们在企业中使用了这种方法,那么企业内部的沟通合作将得到极大改善。少点评判,多点思维的碰撞,不要对别人指手画脚。这就是改善人际关系的方式。这种方式同样增加了突破和尝试新事物的动力。我们把客户置于中心，并将反馈变成"核心习惯"，这样可以对公司的发展和变革产生积极的影响。

突破有时也意味着舍弃

如果事情进展不顺利怎么办？我们追根溯源，深入挖掘，可以发现也许是员工无法胜任新的工作，也许是危机带来的损失。那么，我们如何进一步采取措施呢？

在涉及人力资源调整时，我们有多种选择。像解雇这样严厉的措施只能作为最后的手段。首先，我们要想想有没有大家都可以接受的办法。有时，可以将员工重新安置到不同的工作岗位或工作地点，这样或许可以解决问题。通过这种方式，可以让员工在公司的其他领域施展才能。专家将这种方式称之为"（人力资源）调配"。主动离职和自愿退休也可以减少员工人数。雇佣合同到期时不再续签也可以减少人力成本支出。

此外，缩短工时或提供一定时间的无薪假期，也是可以接受的。

如果迫不得已，必须解雇员工时，应遵循德国《解雇保护法》规定，即解雇必须具备社会正当理由，包括以下三点：

1. 因个人原因解雇：终止合同的原因在于员工本人，比如员工长期卧病在床。
2. 与雇员行为关联的解雇：解雇的原因在于员工个人的行为，比如，存在无故缺勤或其他违约行为。雇主在根据雇员违约行为做出解雇决定之前，通常应先给予正式警告（基于员工可以控制自己的行为并且能够改正），之后雇员再次犯错，才构成解雇正当理由。
3. 出于企业自身原因的解雇：与企业关联的解雇通常指企业出于紧急需要而做出的解雇行为，比如，必要岗位减少导致人员数量和人员需求之间存在差异。这里必须遵循"社会选择"原则。《解雇保护法》仅适用于雇员超过 10 人的公司。如果员工不满 10 人，那么原则上雇主有终止合同的自由。不得出于恶意或不道德的意图解雇员工，并应尊重社会公序良俗。

对于短期工作（最长时间不超过 12 个月）来说，允许"因个人原因解雇"和"与雇员行为相关的解雇"，仅出于企业本身原因的解雇是不被允许的，法律称之为"社会上不可接受的"。如果由于企业经营原因而需要解雇员工，必须补充其他原因。

危机曲线
如何跨越危机实现持续增长

> **安娜：出于企业自身原因的解雇行为**
>
> 在新冠肺炎疫情期间，公司经营不善，再加上政府出台的政策对安娜所在的公司造成了极大影响。1000名员工由于企业经营的原因被列入裁员的名单之中。其中也包括安娜手下的10名员工。
>
> 安娜觉得这个决定非常不人性化，但是她对此也无能为力。得到坏消息后她跟10名员工进行了谈话，有8名员工接受了这一提议。安娜向她的员工表示感谢，感谢他们在困难时期为团队做出的贡献。此外，她还帮他们出谋划策，提供了一些建议。这样一来，她就可以减少一些员工的不满情绪和流言蜚语。她也意识到她必须更加关心那些留在团队中的员工，以免他们惶惶不安无心工作。

在许多公司还可以半退休、提前退休或提前终止合同，这样还可以收到一笔遣散费。雇主提出终止合同并且雇员接受，这一过程一般被称之为"双向自愿"选择。通常情况下，出于企业自身经营原因而做出的解雇都需要经过"社会选择"，但"双向自愿"的好处就是免去了这个过程。这就意味着那些年龄比较大的还有受到特别保护的员工也可以名正言顺地被解雇。在裁员时，选择合适的员工很重要，我们可以选择"优化型裁员"方式，将潜在的裁

03 创新

员目标放在某些领域、职位或员工群体中。相反,也可以从一开始就排除个别员工群体(比如,具备一定特殊才能的人)。

卡斯滕的裁员

卡斯滕按照"双重自愿"原则辞退了200名因技术改进淘汰下来的技术工人。企业职工委员会也参与到了计划制订工作中来。淘汰员工名单则是由相关部门的领导提出的。需要特别注意的是,在裁员的过程中不要激起太多反对的声音。首先,应简单明了地告知员工。其次,在接下来的会议中再进行下一步的商讨。在这个过程中,最重要的是尊重。卡斯滕知道这一点往往被大家忽视,尽管双方即将分道扬镳,但是对个人价值的尊重于员工而言是非常重要的。

卡斯滕不希望公司的品牌受到影响。他让公司的领导层提前接受了一轮培训,并召开研讨会就此事进行探讨,确保事情能够顺利进行下去。

辞退员工之前的谈话也是需要技巧的。这个谈话虽然简短,但却是非常重要的。首先,要准确无误地告诉员工整件事情,表明此次裁员的公平性和对员工个人价值的尊重。待员工消化了整个事情之后,再在接下来的会议上进一步探讨。这里需要的是良好的沟通技巧和对员工的尊重。此外，还要出台一个稳定人心的计划，避免高级员工（即高潜力员工）外流。这里沟通仍是关键。

如果是"双向自愿"，则不需要企业职工委员会的参与。若在企业中出现大规模裁员或重大重组等情况，解雇员工总数达到一定的门槛时（如在拥有500名以上员工的公司中，至少有30名员工被解雇），则需要企业职工委员会参与决策。雇主和企业职工委员会必须就职工的利益问题以及企业的社会声誉问题进行磋商。因此，企业通常会通过提高补偿金或遣散费的方式，来推动员工自愿解约。

如果企业违背了"双向自愿"原则，则可能会造成员工人心动荡，这对企业在客户群体中的口碑也是一个沉重的打击。要保证解雇合同的合理合法性。除此之外，还必须考虑员工们的心理情绪——危机曲线对他们来说才刚刚开始。必须好好安抚留下来的员工，不要让他们失去动力，特别是业务骨干，不要让他们离开公司。此时良好成熟的沟通技巧（法则7）是必不可少的，否则可能会对留下的员工、客户以及被解雇的人造成伤害，从而影响公司的口碑。有的公司在社交媒体上被人吐槽，往往就是由这种情况导致的。

如何当一个好的管理者：引领你的团队走向成功

公司设定了新的目标，我们也正在向着目标奋勇前进。随着危机的加深，新的变化随之浮出水面。我们在情感上已经做好了准备，前途一片光明。在危机曲线的第三阶段（图3-16），勇于大胆尝试和创新精神非常重要。那么，管理者在其中又扮演着怎样的角色呢？

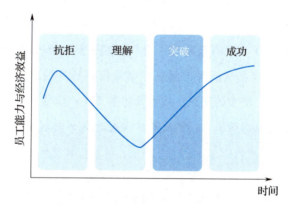

图3-16 危机曲线第三阶段的领导力

公司的经营者就是团队里的探险队长。他也在尝试进入新的领域。他鼓励队员们勇于尝试，革故鼎新。最好的方法是什么呢？还是"沟通"！我们尊重旧事物，但更要迎接新事物的到来。然而知易行难：我们已经在自己熟悉的领域积累了丰富的经验，但是如果将以前的成绩看得过重，那么我们很容易变得摇摆不定；如果对以前大家取得的成绩全盘否定,也可能会让大家失去自信心。

> **卡斯滕"喜新不厌旧"**
>
> 卡斯滕在食堂里与员工交谈,向他们的辛勤付出表示感谢。此外,他还对新安装好的数字催款系统表示满意。尽管新冠肺炎疫情来临,大家仍然在两周之内就成功地完成了这项任务。"太好了!做得真是又快又好,"他赞许地说。"我们只有团结一致,才能战胜危机。"之后,他呼吁大家群策群力,再创佳绩。他在员工面前解释了公司从产品供应商向解决方案供应商转变的愿景,并感谢了员工们提出的建议。接下来的重点是:以客户为核心。卡斯滕首先抛砖引玉,然后和经理们就这一问题展开了激烈讨论。

卡斯滕公司"由产品转向客户"的经营理念对领导层和员工都产生了重大影响。管理人员继续推陈出新,公司上下团结一致。那么,什么样的管理风格可以带来成功呢?

领导力转变

为了激励员工突破创新,我们推荐"变革型领导风格"。美国商业心理学家伯纳德·莫里斯·巴斯(Bernard Morris Bass)在政治家领导风格的研究基础上,进一步提出了企业背景下的"变革型领导"概念。总有一些管理者能够给员工带来转变。他们在领导员工时,员工会全情投入,受到激励,进而变得更加具有责任感(法则4:人多力量大)。当今社会下的领导更像是一场交易:奖金与绩效之间的交易。管理者为了让员工更努力地工作,制定了激励制度。与"变革型领导"相比,伯恩斯将这种领导方式称为"交易型领导"。

"变革型领导"制定有吸引力的愿景和目标来激励员工,提升他们的认同感和动力,还会根据员工的实际情况采取不同的措施,充分发挥他们的聪明才智。尤其是在"突破"阶段,管理者需要激发员工潜力,让他们不断完善自己。在这里可以明确告诉下属你对他的期望,增强其实现目标的信心。员工也可以大展拳脚,变得更有责任感。这样可以充分调动员工的积极性,让他们知道,每个人都可以为公司做出贡献。

卡斯滕和变革型领导

改革之后,为了适应公司发展的需求,所有管理层成员全都参与了培训。大家纷纷组成"互助小组",互相帮扶互相指导。在此过程中,外部教练仅在小组遇到问题和瓶颈的时候才会施以援手。

根据危机的严重程度,采取不同的团队领导措施才能取得成功。

寻找工作的意义

在新冠肺炎疫情隔离期结束之后,安娜就立即制订好了团队的下一步工作计划(法则1)。她意识到大家已经很久没有见面了,需要一些特别的"活动"才能让合作重新变得亲密无间。她尽力避免有关公司裁员的话题,给团队留有一丝余地。为了把公司做出的新调整告知大家,她组织了一次研讨活动,每个人都要参与其中(法则4)。在研讨中,她把信息与创新元素结合起来,为员工提供发挥创造力的空间,拉近了彼此的距离——这种方法也被称为"游戏化方法"。

> **安娜:用乐高和"画布"来寻找工作的意义**
>
> 安娜听说她的员工非常渴望了解工作的意义。他们彼此之间已经不再那么亲密无间,经过了长时间的居家隔离办公,他们也想重新回归团队。
>
> 于是,在复工后的第一天,安娜带着乐高积木和大家一起创设了团队的愿景。首先,每个人都制定了自己的个人愿景,大家讨论激烈,好的想法层出不穷。紧接着每个人都把自己的想法融入集体的团队愿景之中。之后,大

03 创新

家又聊起了团队精神，员工们用一个又一个的乐高积木模型来表达他们对其他同事的感激之情。一个小小的乐高模型胜过千言万语，经过一段时间的思维碰撞，团队成员的心态和态度发生了积极的变化。他们笑着建造模型，他们用双手思考并且充分发挥创造力。安娜对此感到十分欣慰。

然后，他们利用"商业模式画布"从本部门的功能开始，逐步为自己的部门定位。一个部门的战略定位应该同经营公司一样以盈利为目标。因此，它也可以看作是一种商业模式。

只有了解工作的意义，才会产生认同感。因此"创造"意义和"传达"意义始终是管理者的中心任务。尤其对于年轻一代来说，他们比其他任何人都要看重工作的意义。公司也是如此——专家称之为"目的驱动型"。根据工作管理平台 Asana 对 1000 名受访者进行的一项调查，有 85% 的员工对公司和团队的使命和目标一无所知，有 59% 的受访者不了解他们的工作对公司的目标有怎样的意义。

寻找做事的意义很重要，这样我们才不会失去动力。如果你作为管理者已经明确了项目的意义，或者你已经为团队设立了目标并抱有期待（法则3），那么需要把它传达给大家。管理者的任务就是寻找机会并与员工一起展望未来。因此，我们可以通过乐高积木和"商业模式画布"这类有创造性的工作方法，为员工营造一个舒适的空间，让他们享受学习，乐于尝试新鲜事物。

安娜所在的公司销售额直线下降，安娜的任务就是要改善与客户的沟通并提高销售额。这里可以采用"领导力循环"的工作方式：员工的目标应该与上级制定的公司目标保持一致。因此，管理者在制定目标时应该征得团队和员工的同意，并明确每个人的角色，各司其职。管理者要把任务分派到每个人头上，制订计划予以支持，并亲自参与其中。

最后一点则是关于评估员工的表现并及时给予反馈。上层领导明确工作的意义，为员工提供工作的动力。员工同样需要了解"改善客户沟通"的意义，以及这会为公司带来什么（销售额的上升）。"领导力循环"可以帮助我们实现目标，帮助员工更加顺利地完成自己的任务。

管理者是"教导员"

在变革时期的另一个问题就是管理者对待员工的态度

问题。我们需要灵活转变思维方式。重要的不是员工的表现如何，而是管理者要怎样帮助他的员工取得成功。管理者与其说是一名"施令者"，不如说是一名"教导员"。在训练的过程中，员工和管理者地位平等。管理者通过提问的方式激励员工发挥自身的长处，进一步完善自己。这便是变革型领导者的领导风格。

> **弗朗茨的训练技巧：《芝麻街》问题**
>
> 当员工精神压力很大的时候，弗朗茨是这样与他们进行沟通的。首先，他提出了简单的开放式问题［所谓的"W字母"问题或《芝麻街》问题：谁（who）、如何（how）、什么（what）、在哪里（where）、何时（when）和为什么（why）］，员工不能用"是"或"否"来回答这些问题。于是，他们开始思考，思路一步一步地变得清晰。弗朗茨还做了另外一件事：他很感兴趣地倾听，给他的员工留下不少时间来整理思路，这样他们就可以继续完善自己的思考内容。

从教导员的帮助再到自己帮助自己，教导员的循循善诱引导着学习者自己发现问题并解决问题。充当"教导员"角色的管理者通过一问一答向员工清晰地表明了自己的态度。这种角色对管理者来说并不容易承担。有时会出现非常矛盾的问题：当教导员提出问题并等待学习者自己解决时，他本人可能已经对解决方案有了下一步的想法。因此，当解决方案与公司的总体目标出现矛盾的时候，他必须直截了当地指出这一点。为了不让"领导"这个角色与"教导员"的角色产生冲突，管理者需要具备灵敏的直觉和智慧。首先管理者要做的就是让员工尽情地倾诉并仔细倾听。接下来是通过分析找到员工的诉求。然后提出假设，告知员工如果他处在员工的位置会怎么做，看看是否能给他们新的启发。这样做目的是让员工能够转换视角，找到问题的解决方案，并将之付诸实践。

"本位主义"思想的困境

在一些公司中，各部门间的隔阂非常明显。这样不仅会降低流程和项目的推进速度，还会阻碍创新。只有当我们一起学习并抱着"知识越分享越多"的态度时，速度（法则6）才会提升。然而，这种转变不是一朝一夕可以完成的。此外，如果公司内部等级制度过于森严，也有很大的弊端。它会降低危机来临时企业的反应速度，阻碍我们重新走上成功之路。因此，我们可以提升办公的自动化程度来打破各部门之间的那堵"墙"，在提升办公效率的同时更好地与客户进行沟通。

03 创新

安娜团队的任务

为了改善与客户的沟通，安娜请来了团队中的客户沟通专家汉斯。他的客户服务一直做得很好。当安娜问他能否在团队分享经验并提供培训时，汉斯受宠若惊，并表示乐于提供帮助。安娜和汉斯还有其他小组的负责人一起在团队内部组织了一场小型培训会。

改善交流沟通的办法之一便是"大声工作法"。通过"放声工作圈"可以让别人看到自己的工作，进一步打破隔阂。美国人约翰·斯托帕（John Stepper）发明了这种方法，主要包括友好的人际关系、宽容大度、有目的地发现、看得见的工作和成长心态等五项元素。这需要四到五个同事组成小组一起工作；在组内每个人设定个人交流目标。在接下来十周的时间内，成员们每周见面一次，每次持续一个小时，可以选择网上见面或私下碰头，每个人都按照规定朝着自己的目标努力。这种办法的特殊之处在于，它采用"先予，后取"的原则：任何想要实现自己目标的人都必须反过来与其他人建立联系，为他们提供力所能及的帮助。比如，在内部网或社交媒体上发表评价等。

在危机曲线的第三阶段，每个人都必须学会忍耐，坚持度过这段过渡时期。新生事物刚刚出现，尚未稳固，因此需要耐心和毅力。这时，管理者应该鼓励大家互相学习，一旦取得成功需要马上予以认可。当取得快速成功（法则6）时，管理者需要与团队一起进行庆祝。此外，要想获得成功，失败是不可避免的。管理者要鼓励员工敢于冒险、尝试，不怕失败。

下面把视角转回到安娜和她的团队身上。如前所述，她想要建立和奈斯派索（Nespresso）公司类似的收益模型。于是，她和她的团队一起玩起了"联想分类记忆法"，然而这还不够。

> **安娜：默默努力**
>
> 当安娜把她的想法告诉一位市场部门的同事后，她们形成了共同的梦想。但是，她们不想引起太多关注，反而选择了继续默默地努力工作。找到一个志同道合的人并产生思维碰撞的火花，这种感觉让安娜乐在其中。这位同事了解许多产品研发创新的方法，并提出了一种以客户需求为中心的设计理念。这种理念从客户的实际需求出发，为客户提供附加值服务并因此受到客户的欢迎。她简要地解释了该过程的各个步骤并提议召开一个研讨会。
>
> ·理解：在这一阶段，团队发现问题。
> ·观察：参与者设身处地为客户着想，坦然承认自己的问题，观察客户的一举一动，站在客户的角度进行思考。

03 创新

- 找到问题核心：在这一阶段，将了解到的问题整理到一起进行总结概括，深入研究。
- 提出解决方案：团队提出若干解决方案并加以研究讨论。
- 确定初级解决方案：提出第一个解决方案，即初级解决方案。依据该方案提出具体的解决办法。
- 测试：邀请目标群体对该解决方案进行测试。

促销员的帮助

安娜的例子告诉我们，团队的力量和别人的支持是多么重要。我们都知道一个病毒感染者可以引发大规模的流行病。那么，我们应该如何利用个人的影响力和工作热情来进行创新呢（法则5）？首先，并非所有的团队成员都热衷于新事业，因此我们建议分析思考（法则1），看看哪些人可能是热心的参与者。而变革型领导可以激发这些人的工作热情，激励他们向着目标前进，努力创新。这些热心的参与者、推动者和有远见的人也可以带动其他人共同努力，从而使越来越多的员工一起为了目标努力。专业人士称这种现象为"病毒式激励"。当大家都在努力时，需要把握好沟通原则（法则7），不要让其他员工感到被冷落或是格格不入。

危机曲线
如何跨越危机实现持续增长

要知道,除了20%左右的热心参与者之外,大部分员工一开始都是比较被动的。然而,在这些被动型员工中也有些人乐于接受新鲜事物,可以参与到创新工作中来。我们要小心的是被动型员工中那些满腹牢骚的人,他们的抱怨往往会麻痹大家,破坏大家的情绪,阻碍创新的进程。我们称这样的人为"反对者"。他们公开地反对,并利用一切手段阻止创新。就像前文谈到的,对于这样的人我们需要抱着如下的态度:没有无缘无故的反对。对于管理者来说,需要采取措施(法则8)来排除干扰。每一次变革都需要情感方面的动力。这里我们可以参考第二部分的"冰山"模型。情绪潜伏在水面之下:变革发起者的激情能够带来情感方面的动力。只有头脑是不够的,积极的情感会加快变革的步伐。

谁来拯救尼莫

卡斯滕从他儿子学习游泳这件事情中悟出了一些道理:他费尽心思地向五岁大的儿子描述从岸边跳入水中的肢体动作,孩子却表现得非常抗拒。而游泳老师采取的是完全不同的方法:她抓起一把橙色的塑料鱼,把它们扔进水里,然后问游泳班的孩子们:你们谁想去救救尼莫?扑通扑通,所有的孩子争先恐后地跳进了水里。

如果我们能够从快速研发测试的产品中吸取经验教训,

那么我们应该允许犯错误。

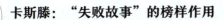 卡斯滕:"失败故事"的榜样作用

卡斯滕连续几周在食堂讲述自己的失败故事之后,第一批员工也纷纷发表了自己的感想。于是,管理层的经理们纷纷效仿他。在每次会议中都留出一段时间来讲述自己失败的故事。就这样,对失败的恐惧慢慢消失不见了。这其实也是一种成功。

而米娅又做了些什么?大家都知道,环保 T 恤的销路不畅,于是米娅现在成功转型生产环保口罩。她是怎么做到的呢?米娅总是加班到深夜,和她一起加班的还有一名女裁缝。就这样两个人的关系日益密切。是这位女裁缝第一个想出了制作环保口罩的主意,并缝制出了第一个环保口罩。但是,另外两名员工却因此感到被米娅和女裁缝孤立了。她们不能加班到深夜,因此不能及时获得有关新产品、新想法和解决方案的信息。

米娅通过站立会议聚拢人心

每天早上,整个团队都在厨房里举行早会。四名女性围成一圈,花费 15 分钟来共享信息。她们主要思考以下几个问题:

危机曲线
如何跨越危机实现持续增长

> 1. 过去 24 小时（昨天）我做了哪些事情来实现我们的短期目标（也叫冲刺目标）？
> 2. 在接下来的 24 小时内（今天），我将做哪些事情来实现我们的短期目标？
> 3. 哪些东西会阻碍我（或我们）实现目标？
>
> 这样一来，每个人都热情满满，且信息共享得如此之快。

充当探险队队长的管理者

探险队的领导者应培养员工形成新习惯（法则 6），并给他们支持与鼓励。信任和勇气能够帮助员工开辟新天地。一般来说，员工们因循守旧的原因在于，比起获得他们更害怕失去。因此，员工们需要一定的时间来习惯新事物：他们应该拥有尝试体验新事物的机会。这也是成长与发展的必经之路。管理者应该尊重团队里的每一名成员，并要求他们不断发挥创造能力。

> **安娜的新习惯：咖啡室里的赞扬声**
>
> 人类本能地追求欣赏和认可。安娜想和她团队的负责人一起向团队其他成员传递正能量。他们从大家每天的个人习惯中找出共同点，比如：大家每天都会去咖啡室

里拿咖啡或茶。于是，安娜和几个团队负责人决定有意识地找到每个人身上的闪光点，忽略他们的缺点。每次在去咖啡室的时候，安娜都会对团队中的人表示感谢和鼓励，给予他们真诚的赞美。安娜还会提出一些有意思的问题并认真倾听，和员工打成一片。这种习惯慢慢地在团队中普及并给团队带来了回报：员工感觉自己正在被更多人关注，于是工作氛围变好了，工作动力也慢慢提升了。

管理者需要了解员工在工作中取得的每一项成绩，当他们取得成功时要为他们高兴。实现目标时的成就感、领导的积极反馈和奖励都可以让员工更有动力（法则10）。员工的努力与公司业绩提升之间的关系越明显（法则7），员工的自我约束能力和责任心就越强。

由于经验不足的原因，员工们可能会一次又一次地走上老路，犯同样的错误，那是因为旧的工作模式在他们心中已经形成了"习惯"。在这种情况下，作为管理者需要扮演"教导员"的角色，时时刻刻提醒员工，给他们反馈，让每个人都回到正确的轨道上去。只有引领变革的人才能最终取得胜利。

鼓励反思

反思同样是制胜法宝之一。通过反思可以更快地从错误中吸取经验教训，从而纠正提高。反思意味着向过去学习，总结什么是好的，什么是不好的。然后，据此在团队中展开讨论，找到哪些地方应该改变或改进。专家将这一过程称之为"回顾"。

这样，员工的态度才会随着时间的推移而发生改变，他们的自我形象同样会随着时间而变得愈加清晰，这会对公司的运营动力和目标实现产生积极的影响。

以实现自我领导为目标：态度先于行为

正如我们在第二部分中提到的，领导力一定是始于自我管理的。问题是企业家、管理者应该采取怎样的态度来面对新生事物呢？态度决定行为。真正的企业家更应该以身作则，说到做到。

在创新的过程中，以客户为导向、员工的参与和不断的学习非常重要。这里需要的是高度的灵活性和坚韧不拔的态度。态度先于行为。那么你的心态，也就是自我形象，到底是僵化的还是灵活的呢？

美国教授卡罗尔·德韦克（Carol Dweck）研究了不同的态度并将其区分为"成长心态"和"固定心态"。如果我们认为自己的能力和智力是与生俱来且难以改变的，那么我们拥有的就是一个僵化的（"固定的"）人格。我们将成功归功于自己的才能或智慧，而不是努力和汗水。我们经常听到有人说："我就是那样。""就是这样。"或者"我们一直都是那样做的。"这种人就是典型的"固定心态"。德韦克还发现，仅仅因为智力而受到表扬的孩子更有可能形成僵化的人格，因为他们认为自我价值完全取决于他们的才能和智力。因此，当面对新的挑战时，他们很快就失去了自信，尤其是在面对新事物需要付出辛勤汗水的时候。

"成长心态"则是基于可以训练和发展的智力和技能，即以成长为导向的人格。代表"成长心态"的句子是："如果我努力，就可以取得成功。"或者"如果我们愿意，就可以取得成功！"以及"每个人都可以有很好的发展。"因此，能否兑现天赋完全取决于自己。根据德韦克的说法，那些因努力而不仅仅是因为他们的才能而受到表扬的孩子更有可能形成充满活力的成长型人格。他们知道自己的成功是由表现、努力和学习能力共同铸就的。这也是员工需要表扬和认可的主要原因。

卡斯滕的态度

卡斯滕以前一直认为只有系统接受过工程学教育的人才懂技术。在他看来，其他人对技术一无所知。这样

危机曲线
如何跨越危机实现持续增长

> 一来,他的思想就是僵化的,他不看重员工在实践过程中的成长。因此,当一名没有专业知识背景的销售人员在没有工程师的帮助下解决了复杂的技术问题,并做出客观判断的时候,卡斯滕感到非常惊讶。

正如上文中所提到的,具有"固定心态"的人通常仅从他们的才能、擅长的领域或适合自己的领域中获取自我价值。他们还主张尽量不要犯错误。他们的想法听起来不错,但是这种心态让他们不能面对失败。因此,他们的策略显然就是避免犯错。在这样做的过程中,他们放弃了未被认可的资源,忽视了那些"潜力股",就像卡斯滕长期以来没有意识到具有技术思维的销售人员的潜力一样。

当我们从危机中恢复过来并想要成长和寻求创新时,这种僵化的思想("固定心态")是非常致命的。当我们学习和尝试新事物时,一定会犯错误,从错误中吸取经验并获得成长也很重要。因此,应该拥有"成长心态":只要付出足够的努力,我们就可以发展壮大,学有所成。要将错误看作学习新事物的机会。抱有这样的态度,我们才可以在困难中成长壮大。一旦出现问题,团队会反思并考虑可以改进的地方。具有这种态度的人喜欢挑战,并将失败视为通往成功的必经之路。

03 创新

卡斯滕的怀疑和坚持

起初,卡斯滕的观点就是尽量不要犯错误。"失败是成功之母"这句话对他来说更是无稽之谈。但是,他的二儿子学骑自行车这件事改变了他的想法。他的二儿子之前有一辆三轮童车,但是,他一直想要一辆"爸爸骑的那种自行车"。卡斯滕看着他一次又一次地跌倒,然后站起来继续前进。四个星期后,他喜气洋洋地告诉父亲他现在长大了,可以骑自行车了。卡斯滕点了点头,心想:没错,学习就是不断犯错的过程,我们要为了目标坚持不懈,勇往直前。

安娜的成长心态训练

安娜想要锻炼自己的成长心态:首先是单独训练自己,然后整个团队一起训练。在每个人提出自己的观点或看法之后,她都会问自己:真的是这样吗?有没有别的可能?还有什么没有想到的?

之前当员工向她提出问题时,她通常会自己制定解决方案。但是从现在起,她会要求她的员工先提出两到三个解决方案,以此提升他们的思维能力、责任感和解决问题的能力。

灵活且成长型的心态主要体现在视角转换和自我反省的能力上。你准备好质疑一切(包括现有的规则)了吗?你能将自己的信念抛到脑后去吗?你能跳出条条框框的束缚思考问题吗？你是否相信人的基本学习能力和发展能力？你能否容忍错误的发生，是否愿意主动尝试？你对新事物持开放态度吗？你能否尊重别人提出的不同意见？如果你能很好地忍受矛盾和不确定性，那么你就具备专家所说的"对模棱两可的容忍度"。

弗朗茨的心理实验

弗朗茨在《管理学课堂》杂志中读到，想象力有助于改变人的态度。他感到非常好奇。根据罗兰·贝努瓦（Roland Benoit）、菲利普·保罗（Philipp Paulus）和丹尼尔·沙克特（Daniel Schacter）的这一理论，如果在一个"陌生的"地方与亲朋好友一起共度美好时光，那么这个"陌生的"地方就会变成"熟悉的"地方。弗朗茨想象邻居的孩子们来到他新建的冰淇淋柜台，开心地购买冰淇淋，那么柜台上就充满了欢声笑语。有的员工一开始对销售冰淇淋持怀疑态度，因此，弗朗茨还和这些员工一起玩了一个心理游戏。

人们对某些事物的情感可以转移到其他东西上。情感转移的目标可以是某些地方，也可以是某种情境，或者是某些价值观和场景。

在确定事情的先后顺序方面也可以采用新的方法。让我们再来看看米娅，她的生活比较混乱，在自我管理方面也有

03 创新

问题,她经常一次性设立太多目标,能够完成的却寥寥无几。如果你也在寻找时间管理的方法,那么不如尝试一下"看板项目管理法",这一方法最初是由大卫·J. 安德森(David J. Anderson)提出来的。"看板"这个概念由两个日语词"Kan"(信号)和"Ban"(卡)组成。这个概念本身来源于丰田汽车的生产系统,后来被称为"精益管理"。

米娅的个人"看板"

"看板"分为三个区域:"待办事项""进行中"和"已完成"。米娅使用便利贴,将各区域的标题并排贴在墙上,并用不同颜色的笔来记录任务。根据事情的进度,米娅可以毫不费力地将纸条移动到下一列。这样有助于她合理安排时间以及规划个人事务,如图3-17所示。

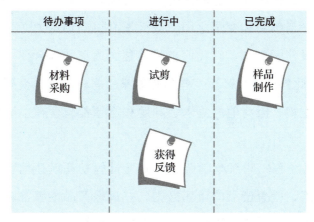

图3-17 米娅的个人"看板"

着眼客户

众所周知,要想获得成功,创新和公司"以客户为中心"的战略方针是关键因素。在员工管理方面,"客户至上"也是一个非常响亮的口号。因此,客户在成功四要素中与组织、团队领导和自我领导处于同等重要的位置。在企业运营的过程中,公司不仅要着眼于内部发展,更重要的是应向外看。

我们经常研究客户的需求,提出一些假设或者看法。但是,为什么不直接询问客户,或者直接让客户参与到新项目的工作中(法则9)来呢?是的,这是一个令人耳目一新的想法:与客户一起开发产品。

在专业领域,这种合作方式被称为"协同创意":让客户参与创新和变革之中,从而提高协同创造力,为客户提供最佳解决方案。我们也将其称之为创造性合作(法则4)。此外,还会产生一些附加效果:客户觉得他受到了企业的重视,因为他的需求、问题和愿望都包含在了解决方案中。

已经有一些汽车制造商在研发过程初期就让消费者参与进来,检查产品的市场潜力,并确保产品能够符合甚至超出客户的预期,以创造竞争优势。比如,宝马创立了一个"协同创新实验室",消费者可以在其中提交自己的创意并帮助宝马公司从概念上研发车辆。日立公司也与客户进行合作,共同面对挑战,提出愿景,开发解决方案,并在产品投放市场之前让客户参与到概念和原型设计阶段中。

我们正在将"协同创意"的方法引入到企业发展和团队变革之中。那么,客户是谁呢?为什么公司不选择员工和专家作为创新的合作伙伴,反而要选择那些没有专业知识的客户呢?我们举一个简单的例子。

安娜:人事部门重新招聘

裁员事件过了一段时间之后,安娜的公司正在紧急招聘新的专家。

这时候通常会发生什么事情呢?人力资源部门正在考虑出台一项新的招聘政策。是什么政策呢?我们的思维有时会陷入盲区,又有谁能比那些刚刚通过招聘的新员工更了解情况呢?那么,为什么不让新员工、新的专家和管理者,甚至是外部求职者参与到这一过程中来呢?大多数时候,极端的"本位主义"思想在公司中仍然盛行。对我们来说,"协同创意"意味着跨部门合作,让目标群体参与进来,可使用"乐高积木"这样的创造性方法制定新的招聘策略。

这需要敢于开诚布公（法则7）的勇气，也需要打破隔阂。"协同创意"背后的理念是创意共享，而不是将它们保留在精英群体中。其背后的理念是：知识越分享越多，参与才能互利共赢。这种参与感很强的共同决策形式会让员工感到被重视，可以大幅提升企业形象。"自上而下"的决策有时会激起阻力，并耗费大量的时间和宝贵的资源。"协同创意"让事情变得公开透明，人人都能参与其中。

此外，在公司内部总结经验、搜集创意，挖掘内部潜力也是非常重要的。要找到公司中隐藏的人才，有工作动力、有经验的人，他们可能会有好的想法和创意，对待创新的认识也会更加充分，目标更加明确。

"协同创意"是一种方法，一种态度，通过这种方式，我们可以共同创新并迎接成功的到来，使外部和内部的客户都能满意而归。

通过"协同创意"和跨部门合作，团队成员或跨职能团队克服了自己的运营视角，产生了新的想法和新的交流，推动了知识共享。这种"参与"理念可以用于多个领域。最终，每个参与者都充满激情，干劲十足。"协同创意"促使公司迈入一片新天地：员工自我负责，不再随波逐流；人人地位平等，也不需要管理者发号施令了。

综上所述,"协同创意"能够带来很多好处:参与会让人对事物产生认同感。参与者人人平等,人人互相尊重。每个人的利益和需求都会得到重视。创造性的方法也比理论研讨会收效更为明显。员工之间的隔阂减少了,更容易接受变革理念,同时,尝试新事物的动力也会更加充足。

> **危机曲线**
> 如何跨越危机实现持续增长

放飞自我,成功近在咫尺

现在,我们正在面临危机曲线的最后阶段:成功就在眼前了。我们已经尝试了一段时间,虽然反复失败但也学到了不少新东西,当下我们应该巩固它。我们的团队、公司正在慢慢接近目标,新的大门正向我们慢慢敞开。我们的盈利能力良好、流动资金充足,我们可以为自己的成功"翩翩起舞"了。

成功很诱人吗

现在成功近在咫尺,我们即将迎来"组织、团队领导、自我管理和客户价值"的第四阶段,如图3-18所示。自我管理和客户价值是公司获得经济利益的先决条件,对企业管理有重大影响,反之亦然。公司什么时候最吸引人?当它对所有客户以及所有可能的业务伙伴都有吸引力的时候。

学习型组织

作为一个组织,我们应一起学习并共同建立我们的企业文化和方向。当我们审视企业内部时,企业文化反映在

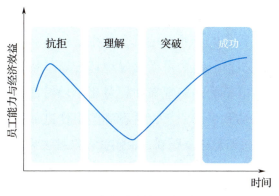

图 3-18　危机曲线第四阶段的领导力

公司内部共享的价值观、信念和故事中。企业文化变革的影响是什么？如果树立了新的价值观，比如客户利益高于一切（法则9），那么这将对企业与客户的关系产生直接影响。比如在弗朗茨的面包店，店员会面带微笑地询问顾客的喜好。这样顾客才乐于购买并感到舒适，因为他们的需求得到了满足。如果再加上热情的服务，顾客就能高兴而来，满意而归，成为店里的回头客。这样的公司对于客户来说就是有吸引力的。

如果我们能够做到共同创造，并让我们的客户参与产品开发，甚至将我们的员工视为客户，那么这会对我们的公司产生影响。领导力正在发生变化，管理者正在从单纯的指挥者转向服务的提供者，进而向"教导员"的角色转变。员工和管理者都在不断地完善自己。沟通模式发生变化时，我们的相处模式也会发生变化。当我们发现并接受新的合作形式时，我们的企业文化就会发生变化。员工的感知能力会高于危机前。他们可以更好地适应新事物。而那些用于推动组织改革的战略现在同样可用于应对危机和变革。我们需要评估和反思一下，看看哪些事情进展顺利（法则10）。如果一切都进展顺利，我们就可以拂去肩上的灰尘，翩翩起舞，庆祝我们的成功了：既为了团队的进步，也为了个人发展。

米娅的庆功会

环保口罩销售利润非常丰厚。米娅她们又想出了一个新点子，将环保口罩和衬衫成套出售，于是为新T恤特别定制的环保口罩供不应求。这让米娅和她的三名员工欢欣鼓舞，举办了庆功宴会。在庆功会上，米娅自豪地宣布，她获得了网络年轻企业家奖项，并把奖杯放在了公司显眼之处。

安娜：新的总经理头衔

为了表彰安娜在公司取得的成绩，尤其是在消除部门隔阂、促进合作，以及在销售业绩等方面的突出贡献，公司决定任命安娜为销售部总经理，接替了她退休的上级

03 创新

的工作。她的新角色让她收到了很重要会议的邀请函,在她的个人生活中,安娜发现总经理这个头衔也让她成为许多社交场所的座上宾。

"教导员"大于"指挥官"

在管理层面,管理者需要让团队了解在危机管理和变革时期,哪些方面进展顺利,哪些方面仍有待改进(法则10)。管理者应该同团队一起定期进行反思,回顾危机中一路走来的坎坷崎岖,以及收获时的喜悦。当团队意识到什么时候需要"创新",什么时候需要"守旧(按部就班地工作)"时,他们工作起来就会得心应手。这也是为什么要让员工"有大局观"的原因——他们可以充分认识到危机管理以及改革对公司和他们个人的重要性(法则4)。这样可以为员工注入新的能量,让他们充分发挥自己的创造力,提升产能和工作动力。

管理者要进一步提升他们"拥有"的"百万美元(即员工)"的潜力,接纳员工的想法,发挥员工的创造力。要为员工的发展和提升创造空间。只有能为员工提供成长空间的企业,才能够激发员工的责任感,也使得公司对员工更有吸引力。

> **安娜的 STAR 法则**
>
> 作为总经理，安娜决定在第一次会议上采用 STAR 法则。她要求每个人借助该法则定期思考有关任务和项目等方面的问题。
>
> 问题包括：
>
> - 情境：我们的立场是什么？我们的出发点是什么？
> - 任务：现在面临的挑战是什么？有哪些问题？我该怎么办？有哪些任务需要完成？我们还能提出哪些（新）问题？我们是否始终为客户着想？要完成任务还需要哪些人的支持？
> - 行动：我们做什么来实现我们的目标？我们从哪里获得反馈？我们的做法是否正确？我们的沟通是否公开透明？
> - 结果：结果是什么？我们为客户提供哪些价值？我们如何进行评价？我们如何进行反思？

在这个阶段，管理者既扮演了教导员的角色，也扮演了批评者的角色。他应该给予员工赞扬和鼓励，并引导他们设立目标。这里需要建立管控和反馈机制（法则 10）。领导力来源于真实可靠的关系，特别是在危机和危机管理过程中有许多复杂的不确定因素时，需要领导和员工之间互相信任。凯捷咨询公司（Capgemini）的一项国际性研究表明,情商在员工管理中变得越来越重要。如果管理者在日常工作中平易近人,偶尔表现出自己的脆弱性,员工会更加信任他们。这也是一种"坚强"的体现。完美的形象容易滋生攻击性,而平易近人则会带来信任感。还记得"冰山"模型吧?我们现在正讨论水面之下隐藏的问题。这就是稳固人际关系的方法。

卡斯滕的变化

卡斯滕在工作中认识到了情商和平易近人是多么重要。他也曾在大庭广众之下讲述了自己犯错误的事情,但员工对他的信任感与日俱增。他觉得他的员工非常喜欢跟他一起干事业。于是,在全体员工面前,他自称是一名特殊的"CEO":"首席情感官(Chief Emotion Officer)"。他还说他想要学习更多的东西,并很乐意收到反馈。台下响起了热烈的掌声。

管理者要保留好奇心

作为管理者,为了获得成功,可以跳出常规,做与其他公司不同的事情。无论是做冰淇淋的面包店,还是做口罩的T恤设计师都是如此。重要的是我们要管理好自己,成为"积极主动者",不要做"消极被动者"。在生活中要不断地思考,不断反省自身,不断地使自己追求的目标适应自己的价值观。做符合自己信念的事情会给人带来力量和勇气。

> **弗朗茨的价值观"晴雨表"**
>
> 弗朗茨家的生意很好。在通往店铺成功的道路上,弗朗茨一再致力于实现自己的人生价值。他列出一张"晴雨表",在上面写下了五项对企业家来说最重要的价值观(传统、责任、谦虚、纪律、尊重)并定期进行对照检查。"晴雨表"上有的地方标记的是阳光符号,这代表他在经营过程中很好地考虑到了这项价值观。有的地方则标记的是冰雪符号,这代表该项价值观没有得到很好的实现,或被他忽略了。

对于管理者来说,最重要的是要保持真实,有时管理者也可以是个脆弱的人。因为大家都喜欢跟着"有人情味"的管理者。然后,更重要的是:保持好奇心!

客户价值与经济利益

如果第二部分所描述的商业模式运行良好,公司便可以快速成长,获取经济利益。事实证明,从长远来看,不论选择"成本领先战略"还是"客户领先战略",公司都可以通过减少运营成本或者提高客户价值来提升自己的竞争力,进而从残酷的商业竞争中脱颖而出。一些公司甚至会选择"成本与客户并重"的经营模式。

在危机曲线的第三阶段（即突破阶段），我们致力于为客户提供让他们满意的附加值服务（客户价值）。由于竞争永无止境，我们需要不断地创新和发展，不断地研发改进新产品。此外，只有勇于开拓新市场才能够获得成功：客户收获惊喜，销售额增长，在扣除成本之后获得盈余（利润）。

盈余是成功的核心要素，同时也是防止企业破产的保障。这部分内容与公司的盈利能力和流动资金有关。只有当这两个参数稳定并能够符合投资者、银行和股东的期望时，公司才能获得运营企业所需的资金。

此外，有的公司能够不断地进行产品创新，他们的产品总会给消费者带来惊喜，吸引消费者蜂拥而至。他们的产品价格虽高，利润率惊人，但是仍然广受消费者好评。还有一点，在当今时代，那些能够为员工考虑的企业，才能吸引到人才，收获成功。因为成功让人光芒万丈！

> **弗朗茨和面包师协会**
>
> 由于员工们出色的表现，面包店转危为安，弗朗茨也被面包师协会聘为教育专员（以前是学徒培训师）。他现在是受训人员和培训公司之间解决问题的纽带。这是一份特殊的荣誉，如果没有他自己的成功，他是不会获得这份荣誉的。

危机曲线
如何跨越危机实现持续增长

就像在生活中一样,很多人都渴望能够接近成功的人和成功的公司。成功会增加人的吸引力:对于那些有潜力的和积极的员工、供应商、银行、股东、国家机关和客户来说都是这样。

> **卡斯滕的成功吸引大家纷至沓来**
> 自从卡斯滕和他的团队带领公司重新起航以来,众多银行和供应商简直踏破了公司的门槛。他们都想和他合作。然而,卡斯滕并没有忘记,当他的公司陷入危机时,他可没有这种待遇。

公司里的每个人都很重要,他们都在为公司做贡献——无论是在个人方面还是经济方面。我们不知道下一次危机、下一次变革何时到来,但为了保持成功,我们必须习惯各种大大小小的变化,无论它们是否称心如意。重要的是,公司和员工必须保持警惕,灵活应对,以适应新的变化。保持学习态度和灵活性就是以后的"新常态"。只有创新和客户价值才是永远的核心。

公司成功后会发生什么事情?成功的满足感逐渐蔓延,兴高采烈很快就会变成狂妄傲慢,沾沾自喜也会变成自负。赢家被成功蒙蔽双眼。还记得柯达和著名的"柯达时刻"吗?它们现在怎么样了?这家公司取得成功后的满足让他们忽略了某些微弱的迹象,更何况他们还停止了创新。

我们不禁想问:我们想要的真的只有成功吗?

成功会扼杀创新吗

是的,成功让你光芒万丈。但成功同时也会蒙住你的双眼。我们要说的就是成功带来的傲慢。因为在第一阶段"抗拒"时期,一些已经获得成功的公司没有认识到市场正在发生变化:竞争对手复制了公司成功的商业模式,客户改变了他们的需求,新技术源源不断地涌现。以前的客户价值失去了吸引力。客户的流失,竞争对手的超越,订单和销售额的下降,所有的一切让盈利能力和流动资金这两个关键因素慢慢滑向深渊。

就连 AEG、Grundig 或 Quelle 这样成功的公司都差点无法幸存下来。或者让我们放眼国际:云计算的发明者是 Sun Microsystems 公司;袖珍电脑的先驱是 Palm 和 Blackberry 公司。这些公司全都已经江河日下,有的已被收购,有的已不复存在。

对待成功的态度决定了企业的领导力:我们会变得傲慢自负吗?还是仍然勇敢谦逊呢?我们是否将自己视为一个学习型组织?当我们蒙上双眼沉迷于成功时,它的消逝速度比我们想象的还要快。客户价值减少,最终导致竹篮打水一场空。

危机曲线
如何跨越危机实现持续增长

但生活总是起起落落的,有生命力的公司和企业也是一样。我们总会遇到危机,也经常会遇到"生存还是死亡"的抉择。我们成熟了,就可以灵活地应对危机并更好更快地处理它们。若仔细观察,危机曲线其实是一个循环往复的过程,如图3-19所示。

只有那些不断主动应对瞬息万变的市场、价值主张和财务状况的人,才能不断取得成功。企业想要获利,重点就是价值主张和创新求变。在这两方面取得成功的企业才能保证规模,股东也乐于将资金投入其中。只有那些在团队和自我管理方面都不断成长的公司,才能在危机循环中立于不败之地。此外,还有灵活性、学习型组织的态度以及员工的参与度也是重中之重。如果我们能够做到这些,那么我们已经做好了应对下一次危机的准备。

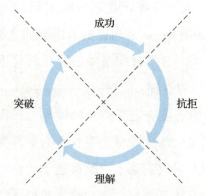

图3-19 "危机曲线"变为"危机循环"

参考文献

Christensen, Clayton: The Innovator's Dilemma, Boston 2016.

Covey, Stephen: Die 7 Wege zur Effektivität. Prinzipien für persönlichen und beruflichen Erfolg, Offenbach 2018 Disselkamp, Marcus: Bilanzanalyse leicht gemacht, Norder-stedt 2015.

Disselkamp, Marcus: Innovationen und Veränderungen, Stuttgart 2017.

Disselkamp, Marcus: Digitale Megatrends. Die Zukunft von Unternehmen, München 2019.

Doppler, Klaus: Change. Wie Wandel gelingt, Frankfurt am Main 2017.

Dubs, Rolf: Das St. Galler Management-Modell, Linz 2012 Duhigg, Charles: Die Macht der Gewohnheit. Warum wir tun, was wir tun, München 2013.

Edmondson, Amy: Strategies for Learning from Failure, in: Harvard Business Review, April 2011, https://hbr.org/2011/04/strategies-for-learning-from-failure.

Kano, N. / Seraku, N. / Takahashi, F. / Tsuji, S.: Attractive Quality and Must-be Quality, in: Journal of the Japanese Society for Quality Control, 12/1984, S. 39–48.

Kotter, John P.: Leading Change. Wie Sie Ihr Unternehmen in acht Schritten erfolgreich verändern, München 2011.

Maurer, Rick: Beyond the Wall of Resistance. Why 70% of All Changes Still Fail – And What You Can Do About It, Austin/Texas 2010.

Nickel, Susanne: Ziele erreichen, Freiburg 2017.

Nickel, Susanne / Berndt, Christian: Let's change mit innova tiven Tools, Freiburg 2018.

Nickel, Susanne / Keil, Gunhard: So geht Agilität, Freiburg 2020.

Osterwalder, Alexander / Pigneur, Yves: Business Model Generation: Ein Handbuch für Visionäre, Spielveränderer und Herausforderer, Frankfurt am Main 2011.

Porter, Michael: Wettbewerbsstrategien, Frankfurt am Main 2013.

Ries, Eric: Lean Startup. Schnell, risikolos und erfolgreich Unternehmen gründen, München 2020.

Stepper, John: Working Out Loud. Damit Verbundenheit, Vertrauen und Gemeinschaft wachsen können, München 2020.

Zander, Henning: Bloß nicht schweigen und vertuschen, in: Hamburger Abendblatt, 26.9.2009, https://www.abend-blatt.de/wirtschaft/karriere/article107567425/Bloss-nicht-schweigen-und-vertuschen.html.

Zeug, Katrin: Mach es anders, in: Die Zeit online, 12.2.2013, https://www.zeit.de/zeit-wissen/2013/02/Psychologie-Gewohnheiten